Liderança e Criatividade em Negócios

Dados Internacionais de Catalogação na Publicação (CIP)
(Câmara Brasileira do Livro, SP, Brasil)

Liderança e criatividade em negócios / Edmir Kuazaqui, (organizador). -- São Paulo : Thomson Learning, 2006.

Vários colaboradores.
Bibliografia
ISBN 85-221-0545-6

1. Administração de empresas 2. Criatividade em negócios 3. Empreendedorismo 4. Liderança 5. Marketing I. Kuazaqui, Edmir.

06-5352 CDD-658.4092

Índice para catálogo sistemático:

1. Liderança em negócios : Administração de empresas 658.4092

Liderança e Criatividade em Negócios

Edmir Kuazaqui
(organizador)

João Pinheiro de Barros Neto
Teresinha Covas Lisboa
Vera Lúcia Saikovitch
Margareth Bianchini de Assis Moura
Celso Likio Yamaguti

THOMSON

Austrália Brasil Canadá Cingapura Espanha Estados Unidos México Reino Unido

THOMSON

Gerente Editorial:
Patricia La Rosa

Editora de Desenvolvimento:
Ligia Cosmo Cantarelli

Supervisor de Produção Editorial:
Fábio Gonçalves

Supervisora de Produção Gráfica:
Fabiana Alencar Albuquerque

Copidesque:
Norma Gusukuma

Revisão:
Alessandra Biral

Composição:
Segmento & Co. Produções Gráficas Ltda.

Capa:
Megaart

Impresso no Brasil
Printed in Brazil.
1 2 3 4 08 07 06

Julho de 2006.

Rua Traipu, 114 – 3º andar
Perdizes – CEP 01235-000
São Paulo – SP
Tel.: (11) 3665-9900
Fax: (11) 3665-9901
sac@thomsonlearning.com.br
www.thomsonlearning.com.br

Dados Internacionais de Catalogação na Publicação (CIP) (Câmara Brasileira do Livro, SP, Brasil)

Liderança e criatividade em negócios / Edmir Kuazaqui, (organizador). -- São Paulo : Thomson Learning, 2006.
Vários colaboradores.
Bibliografia
ISBN 85-221-0545-6
1. Administração de empresas
2. Criatividade em negócios
3. Empreendedorismo
4. Liderança 5. Marketing
I. Kuazaqui, Edmir.
06-5352 CDD-658.4092

Índice para catálogo sistemático:
1. Liderança em negócios : Administração de empresas 658.4092

Agradecimentos

Inicialmente, gostaria de agradecer a excepcional contribuição dos profissionais e professores-pesquisadores Celso Likio Yamaguti, João Pinheiro de Barros Neto, Teresinha Covas Lisboa, Vera Lúcia Saikovitch e Margareth Bianchini de Assis Moura, e, em especial, de Luiza Helena Trajano, exemplo de liderança feminina contemporânea no cenário brasileiro.

Também gostaria de agradecer ao Dr. Mitsuru Higuchi Yanaze, Dr. Kleber Markus, Dr. Robson Marinho, Dr. Sidney Storch Dutra, Ms. Josmar S. Arrais de Matos, Ms. Valdemir Correia Neri, Dr. James Tucker e Dra. Terezinha Otaviana Dantas da Costa, pelas inúmeras contribuições gerais.

Sumário

Prefácio

Liderança

Ainda há uma grande quantidade de perguntas fascinantes às quais o homem, com sua peculiar presunção de que pode compreender todos os fenômenos físicos e os desígnios da Mãe Natureza, não conseguiu responder. Por que e como nasceu este Universo imenso? De onde veio a vida? Por que o homem é tão diferenciado entre todos os animais?

Neste mundo humano, acredito que posso me arriscar, perguntando:

> Por que algumas nações, grupos sociais, instituições, organizações e empresas prosperam? E outras não?

As respostas, embora existam, não apontam para caminhos fáceis! A realidade e as constatações de todos os dias mostram que não tem sido possível colocar tudo em fórmulas simples ou mecanismos comuns, facilmente adaptados às diferentes condições operacionais das atividades humanas diversificadas, as quais, na atualidade, se transformam cada vez mais rapidamente. As velocidades imprimidas pela inteligência humana ao desenvolvimento das sociedades e dos diferentes setores de atividade crescem segundo as acelerações que igualmente se mostram crescentes.

Nos últimos anos, muito do trabalho executado para compreender a natureza dos desafios, e a forma de enfrentá-los com sucesso, passa pelo que se consagrou chamar de "competitividade". O tremendo impacto da competição, particularmente após a globalização das telecomunicações instantâneas, pode ser medido e sentido como resultado da enorme dinâmica da troca das riquezas entre nações e empresas. Nesse mesmo momento em que essas frases estão sendo lidas, uns ficam mais ricos e ganham; outros, simplesmente, perdem.

São muitos os estudos que geraram os conceitos de base para novas idéias; um deles – consagrado intensamente pelos estudiosos – se concentra nas chamadas "vantagens competitivas e comparativas", que podem ser conseguidas e exercidas pelos mais diferentes setores produtivos, pessoas e países. Aqueles que coletaram e puderam concentrar o maior número dessas vantagens, operando com eficiência e qualidade em nichos de oportunidade e de mercado, chegaram a conquistar boa parcela de sonhados e almejados sucessos.

No entanto, a maior vantagem de qualquer nação ou organização, sem dúvida, é o ser humano, educado com qualidade, preparado e motivado. De cabeças talentosas, saem idéias de êxito ou caminhos que levam ao sucesso, desde que as sociedades produzam as condições de contorno capazes de proporcionar um clima de estímulos globais. Daí a necessidade da educação e do treinamento, em quantidade e em qualidade. O poder avassalador do conhecimento, embora decantado, de todos os modos e por todos, em muitas regiões do mundo, não tem se revelado suficiente. Na realidade, se isso se constitui em um problema para alguns, pode, sem dúvida e ao mesmo tempo, abrir espaço e enormes oportunidades para outros.

É exatamente nas diferenças do progresso humano que se concentrou Edmir Kuazaqui, quando decidiu organizar este livro. Ele não se limitou a produzir informações, mas procurou, com carinho e dedicação, identificar métodos, processos, comportamentos das e para as pessoas, analisando e buscando passar à compreensão do leitor a importância da Liderança e dos Líderes.

Kuazaqui identificou reais desafios em cada página e buscou construir métodos e conceitos com o intuito de convencer todos quanto à importância do líder e de como ele pode exercer seu trabalho da melhor forma possível. Mais que isso, fornecer argumentos para a "fabricação" de educados que possam ser líderes capazes e hábeis para viver, ou conviver, criativamente na sociedade humana. Proposta nada fácil! No entanto, a contribuição é significativa.

Ao final de 1999, não muito distante dos tempos em que vivemos – e agora em pleno século XXI, a humanidade cruzou a marca de fim de milênio. Se, do sentido prático da Natureza, aquele dia e os subseqüentes foram iguais, as bases para a convivência entre os povos já se modificaram, com uma expressiva aceleração e progresso em algumas regiões e estagnação e recessão em outras. Infelizmente, o que nós, brasileiros, conseguimos plantar sobre os ricos recursos econômicos de nosso imenso território, no competente mundo atual, foi, sem dúvida, insuficiente. Há, portanto, razões para inovarmos e tentarmos construir um futuro diferente. Creio que o leitor concordará que há muitas razões para isso.

Claramente, o crescimento e o êxito das nações mais prósperas são conseqüências de significativos investimentos em educação, cultura e tecnologia. A inovação e a criação de novos produtos e serviços mostram que nos países capazes de gerar sucesso econômico esses itens estiveram sempre presentes, quando puderam contar com líderes que perceberam e se aproveitaram das diferenças.

Se tentarmos olhar para o futuro, embora esta seja uma proposta considerada difícil, não seria uma interpretação visionária dizer que o mundo, mesmo com as dificuldades econômicas de uma parcela das nações, está vivendo uma fase de prosperidade, claramente sem precedentes no passado. A humanidade conseguiu entrar em um período de geração de conhecimentos que poderá dobrar a cada década, ou menos, e pode abrir perspectivas para levar o progresso a bilhões de pessoas em todo o Planeta, desde que se alterem padrões de comportamento e de caráter cultural.

Nos últimos anos, tem sido possível identificar transformações realmente espetaculares e que estão moldando o futuro. Nos países mais desenvolvidos, novas tecnologias trouxeram grande aumento da produtividade e determinaram altos valores de crescimento absoluto. Tudo indica que a evolução do conhecimento humano vai continuar a dar dramáticas contribuições ao crescimento e ao progresso econômico de regiões extensas do globo e de suas populações. Um país como o nosso, populoso e de grandes dimensões geográficas, não pode ficar à margem desse processo, que pode ser considerado de alucinantes mudanças. Ao contrário, temos as melhores condições de acompanhar o progresso dos mais desenvolvidos e superar outras nações menos aquinhoadas.

Temos de enfrentar o desafio e participar desse cenário estimulante e provocador. Dizem os chineses que o melhor momento para se buscar oportunidades é durante as crises. Assim, as nações mais desenvolvidas estão forjando trajetórias baseadas nos avanços da cultura, da ciência e da tecnologia, mostrando com clareza que o desenvolvimento vem da liberdade para empreender e do crescimento do cidadão. O papel reservado para o Estado deve ser o de estimular e garantir as condições operativas de uma sociedade eficiente e parceira dos criadores de riqueza. E o papel dos líderes é o de identificar essas oportunidades e, conduzindo seu grupo, traçar e encontrar o caminho para a vitória.

Dr. Ozires Silva
Ex-presidente da Petrobras
e Embraer

Introdução à Arte da Liderança Contemporânea

Em matéria de Liderança, nenhuma definição pode ser considerada completa e definitiva. Portanto, definir Liderança se torna um verdadeiro exercício de reflexão sobre diferentes teorias humanas, desde as antigas abordagens até as novas discussões a respeito do tema. Em síntese, podemos definir liderança como a capacidade de influenciar outros a seguir um determinado rumo, seja no sentido pessoal, seja no profissional.

Nossa definição de liderança pode possuir uma configuração humana, como quando pensamos em líderes como Mahatma Gandhi, Nelson Mandela e Madre Teresa de Calcutá, ou outros que reflitam nossa visão de liderança. Por outro lado, podemos pensar em liderança em termos organizacionais, como, por exemplo, quando falamos de empresas líderes como a Toyota, a Microsoft ou a Coca-Cola. Da mesma forma, podemos falar de liderança em termos geográficos, como ao nos referir aos países do G-7, ou seja, o grupo das sete maiores economias de mercado industrial do mundo, que são os Estados Unidos, o Japão, a Alemanha, a França, a Inglaterra, a Itália e o Canadá. Em qualquer desses exemplos, os líderes são aqueles que influenciam outros a seguir um determinado rumo.

É nesse contexto que esta obra, *Liderança e Criatividade em Negócios*, retrata de maneira humana e profissional a arte de influenciar. Ao longo dos capítulos, o tema é desenvolvido dentro do panorama contemporâneo, voltado ao valor humano, ao compromisso social e ao contexto empresarial. O capítulo "A liderança contemporânea: uma visão de futuro" desenvolve e discute conceitos importantes, como as habilidades, competências, além da arquitetura e da engenharia de negócios. Na seqüência, são abordados diferentes temas, como o "Modelo de gestão de habilidades e competências corporativas", "O ser e o desprender humano", "Empreendedorismo em serviços", "Comunicação interpessoal em negócios" e a "Criatividade e empreendedorismo em negócios", no sentido de aprofundar o conceito de liderança e as questões relativas às habilidades e competências necessárias ao líder. Cada tema é discutido a partir da visão de mundo de seus autores, que são profissionais, pesquisadores e docentes na área. Concluindo, o capítulo "Reflexões sobre a liderança: o sentido da vida" traduz os conceitos de liderança em forma de um Plano de Desenvolvimento Individual (PDI), aplicando-os à vida pessoal do líder.

O livro também demonstra como os velhos conceitos estão dando lugar a um novo paradigma de liderança, que consiste na capacidade de liderar e influenciar por meio do serviço em favor do bem comum, buscando o bem-estar do ser humano como a finalidade última da liderança. Afinal, qualquer que seja o tipo de empresa ou organização, o principal objetivo da liderança é sempre o ser humano, essa entidade complexa e, ao mesmo tempo, tão simples, capaz de mudanças e transformações significativas na sociedade em que está inserido.

Robson Marinho
Ph.D. pela Indiana University (Bloomington)
e Mestre pela Andrews University (Michigan)

1

A Liderança Contemporânea: Uma Visão de Futuro

Edmir Kuazaqui

Todas as flores do futuro
estão nas sementes de hoje.
Provérbio chinês

OBJETIVOS DO CAPÍTULO

- Contextualizar o tema liderança no panorama de negócios atual.
- Discutir sua importância no contexto organizacional.
- Demonstrar sua aplicabilidade como uma das principais ferramentas estratégicas.
- Contextualizar e discutir a arquitetura e a engenharia de negócios contemporâneos.
- Atualizar o tema a partir da discussão de diferentes autores contemporâneos.
- Discutir a importância da educação corporativa, *training* e *coaching* para a contribuição em negócios.

INTRODUÇÃO

Líderes representam um tempo, um momento, uma situação, ideais ou filosofias. William Jefferson Clinton pode ser considerado um verdadeiro líder de uma geração intitulada *baby boomer*. Os *baby boomers* desenvolveram negócios em Wall Street e serviram como referências e como influenciadores de negócios, produtos, serviços, hábitos e costumes. Nesse grupo, destacam-se o cineasta Steven Spielberg (e atualmente M. Night Shyamalan e Peter Jackson) e Bill Clinton, o terceiro mais jovem presidente dos Estados Unidos e típico representante do fenômeno, com o gosto refinado pela música e incontestável cultura.

Clinton nasceu em 19 de agosto de 1946. Foi governador do estado do Arkansas por cinco mandatos, sendo eleito o 42º presidente dos Estados Unidos em novembro de 1992, derrotando George Bush (o pai) e quebrando a hegemonia republicana de 12 anos. A imagem de vanguarda, liberal fez dele um dos presidentes mais populares da história norte-americana. Suas ações envolvendo reformas nas áreas de educação, emprego e meio ambiente foram bastante contundentes, em especial as voltadas ao mercado internacional, como a mediação de conflitos entre israelenses e palestinos e também na Irlanda do Norte.

Embora Clinton tenha sofrido um processo de *impeachment* (sendo posteriormente absolvido pelo Senado), em decorrência do escândalo com a estagiária Monica Lewinsky, sua imagem não se abalou; ao deixar o cargo, obteve as mais altas taxas de aprovação para um presidente dos Estados Unidos.

O mundo, as empresas e as pessoas estão passando por profundas mudanças e transformações, derivadas de diferentes origens – da abertura de mercados internacionais ao aumento da concorrência e desenvolvimento da tecnologia. Dessa forma, as empresas não podem mais lidar com o presente tendo apenas como referência o passado; ao contrário, precisam interagir com o ambiente no qual estão inseridas e construir um futuro visionário.

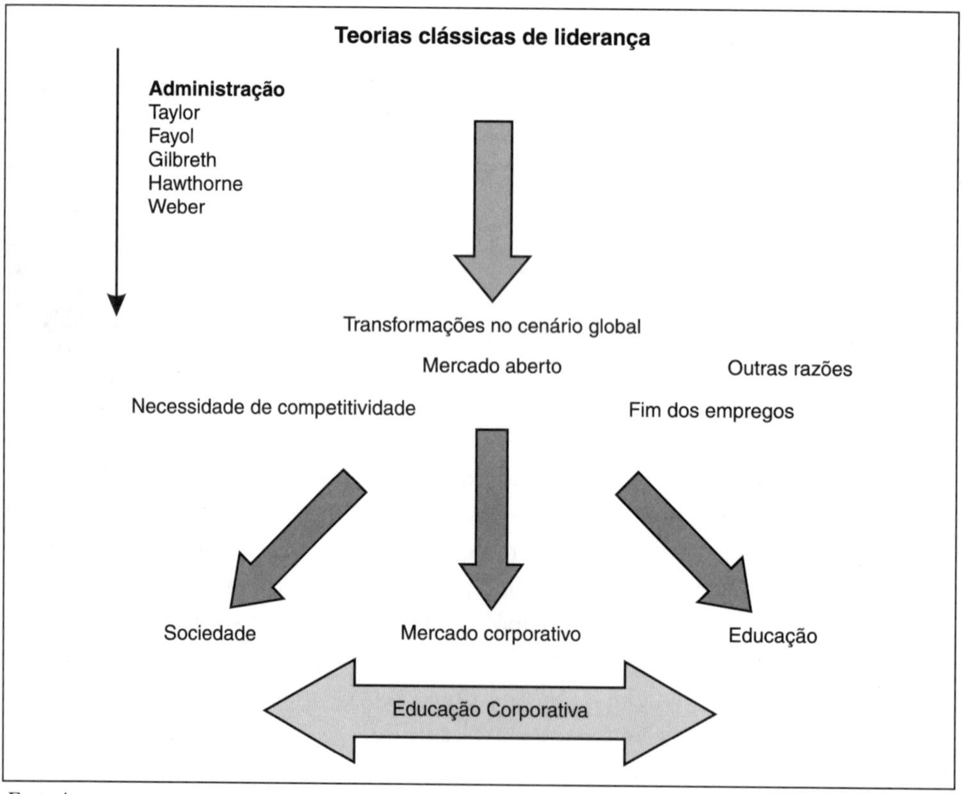

Fonte: Autor.

Figura 1.1 Enfoques da liderança.

Ao conjunto complexo de relacionamentos interagentes – cada qual com sua relação de hierarquias e influências cognitivas –, dá-se o nome de *liderança*. Diferentes teorias de liderança têm proposto inúmeras estratégias na tentativa de desvendar o mistério de qual o melhor estilo ou a melhor abordagem para maximizar o desempenho de uma pessoa como líder. Buscam, assim, obter resultados mais eficazes e produtivos.

A liderança pode ser analisada por diferentes prismas, desde o corporativo até o social e o educacional, ou mesmo simplesmente como fenômeno histórico. Nessa ótica, centralizaremos a questão no enfoque corporativo de negócios no mundo ocidental, porém entendendo que existe uma linha tênue e interagente com as demais óticas mencionadas.

Diferentes ferramentas, estratégias e ações de gestão são utilizadas no sentido de salvaguardar a construção de um futuro. Dentre tais fatores, destaca-se a liderança, como fenômeno que pode conduzir as empresas não só à sobrevivência, mas à sólida construção sustentável de um futuro desejado. E é disso que trata este capítulo, além de outros assuntos interagentes, como as habilidades e competências necessárias ao indivíduo neste milênio que se inicia.

1.1 A EVOLUÇÃO DO CONCEITO DE LIDERANÇA

O termo *liderança* tem sido utilizado e definido por muitos historiadores e filósofos, porém foi só na segunda metade do século XX que tomou proporção e importância do ponto de vista social e, principalmente, empresarial. *Alexandre*, levado ao cinema por Oliver Stone, e *Gandhi*, do diretor Richard Attenborough, demonstram o interesse geral e a importância dos temas liderança e líder na sociedade contemporânea. Maquiavel pode ser considerado um dos nomes clássicos mais importantes; em sua obra *O príncipe*, ele procurou descrever as características e os desafios para preservar a posição de líder. Diversas outras teorias – a teoria dos traços, o behaviorismo, as teorias situacionais, as teorias contingenciais, as teorias situacionais e transacionais, a teoria transformacional e as abordagens cognitivas – surgiram e evoluíram de acordo com mudanças e transformações da sociedade, da ciência da administração e das organizações.

Rifkin (1995) preconizou a transformação radical e também abordou as implicações relativas à migração das atividades agrícolas para as industriais e, posteriormente, para as de serviços. Segundo ele, as conseqüências inevitáveis seriam o aumento de trabalho, o fim dos empregos formais, a expansão da informalidade e, na sua esteira, a diminuição de impostos que poderiam ser revertidos à sociedade. Rifkin apresentou novas propostas com o objetivo de eliminar a possibilidade do caos e da convulsão social.

A evolução do conceito da liderança a partir de mudanças e transformações preconizadas por Rifkin e sua aplicação a partir da visão de autores contemporâneos denotam uma mudança radical de perfil do líder e do termo *liderança*. Como fatores preponderantes dessa realidade, estão:

- rápida transformação de uma sociedade agrícola para uma industrial e, posteriormente, para uma sociedade de serviços, ocasionando declínio de empregos e redução da força global de trabalho;
- efeitos provenientes das altas taxas de natalidade ocasionadas pela evolução dos *baby boomers* e o efeito do *baby boom*, e rápido declínio posterior, conforme Kuazaqui (2006);
- incapacidade de os países gerarem riquezas e trabalho, também em decorrência dos crescentes déficits provenientes da diminuição da arrecadação de impostos e tributos;
- abertura de mercados internacionais, de forma a acentuar as diferenças econômicas, políticas e sociais das nações mais desenvolvidas em relação às menos favorecidas;
- concorrência acirrada e necessidade de alguns conglomerados de expandir suas estruturas organizacionais além-mar;
- modismos e fórmulas milagrosas de sucesso, como a reengenharia e a opção por jovens profissionais (no Brasil)[1];
- pensamentos mecanicista e tecnicista, segundo os quais a tecnologia e os processos assumem grande importância, em detrimento de necessidades e características de mercado;
- anorexia empresarial, doença contemporânea que afeta alguns empresários que preferem o investimento em ativos físicos, em detrimento dos ativos humanos.

Dessa forma, nota-se uma grande transformação do cenário global, com as empresas procurando soluções de curto prazo.

Em vez da geração de crescimento, diversos teóricos propõem novas relações de trabalho, a redução das horas trabalhadas e até mesmo a criação de cooperativas de trabalho, que constituem formas paliativas de combater problemas maiores.

Na ótica empresarial, diversos autores propõem ações que não são efetivamente soluções milagrosas, mas visam manter as boas relações da empresa (e o respectivo público interno) com seus diferentes públicos de interesse. Uma dessas propostas é o direcionamento de esforços para o terceiro setor. Estas podem ser consolidadas via balanço social – uma forma aceita pela contabilidade para registrar e avaliar as ações sociais de uma empresa.

Mas ainda persiste uma interrogação: como será o cenário futuro?

---

[1] Teve como origem os *yuppies* norte-americanos. Posteriormente, a idéia foi adaptada no Brasil na década de 1980 por algumas multinacionais, com o nobre sentido de oxigenar as empresas, porém com o propósito disfarçado de reduzir custos e despesas.

1.1.1 A Liderança como Ferramenta Estratégica de Negócios

Existem diferentes fatores que podem conduzir uma empresa ao sucesso. Um deles é o delineamento de um horizonte a ser perseguido, a fim de que haja um caminho sem problemas. Para isso, é necessária a construção de uma *missão pessoal e empresarial* e, particularmente, de uma *visão*, que terá a figura de um líder para sua condução. Este servirá para orientar filosofias, valores e práticas para a construção de uma política mais voltada ao comprometimento social, respeitando o público interno, a comunidade e o ambiente. A partir do enfoque na liderança, uma empresa poderá ser direcionada de maneira menos tortuosa e com propósitos mais definidos, otimizando seus recursos e resultados, de modo a contribuir de forma mais contundente para a sociedade na qual está inserida. Para tanto, o planejamento estratégico é de vital importância, no sentido de otimizar recursos e resultados.

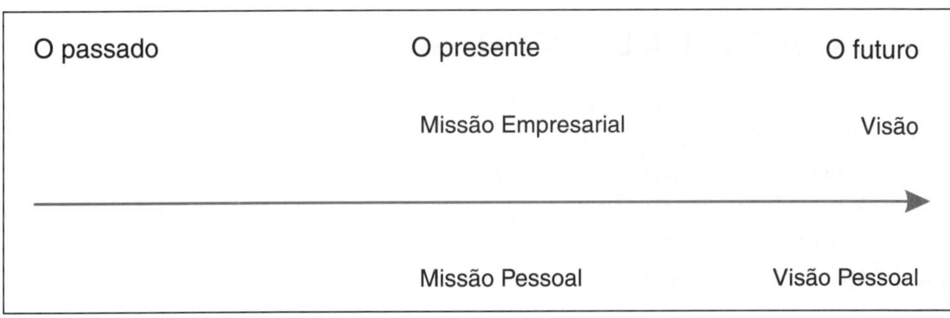

Fonte: Autor.

Figura 1.2 O planejamento estratégico.

A missão empresarial visa responder às seguintes perguntas: Qual é a minha razão de ser? Por que eu (como empresa) existo? A que mercado atendo? Quem são meus consumidores? Qual é o meu ramo de negócio? Comumente, algumas empresas erram no delineamento da missão e percorrem outros caminhos de forma não-sincronizada. Por exemplo: um jornal pode entender que é um meio de comunicação e, como tal, comporta-se dessa forma. Por outro lado, um jornal pode ser um meio de troca de idéias, conhecimento, identificação de oportunidades de negócios e um sistema de inteligência organizacional. Pensando dessa forma, ampliam-se os horizontes competitivos e, conseqüentemente, de negócios e de mercado.

Um dos erros mais comuns no gerenciamento de uma empresa é a projeção do passado para o presente e o futuro. Assim, se foram cometidos erros ou a excelência não foi atingida no passado, a ineficiência será projetada ao longo da história da empresa. O planejamento estratégico, então, requer um certo nível de empreendedorismo e criatividade, em que o novo deverá ser a tônica da empresa e do negócio.

Outro erro comum é pensar que o planejamento estratégico é constituído por estatísticas e projeções – elas são o suporte, mas não o fio condutor para a execução de negócios.

Entre os recursos estratégicos mais importantes – como o financeiro, de produção e de capital, por exemplo –, destacam-se a identificação, manutenção e motivação dos recursos humanos, que, em muitos casos, podem ser considerados o principal ativo da organização. Empresas como a Microsoft, a Coca-Cola e a Gessy Lever, por exemplo, compreendem que, além dos ativos estruturais, tecnológicos e de capital, os diferentes talentos humanos fazem realmente a diferença no mundo dos negócios. Pensando dessa forma, é possível concluir que um artesão poderá confeccionar diferentes peças, mas somente um artista irá criar uma peça de arte única no mercado, a qual poderá ser contemplada por gerações. Para tanto, a arquitetura e a engenharia de negócios são de fundamental importância para que a empresa atinja seus propósitos e objetivos.

1.2 ARQUITETURA DE NEGÓCIOS

A partir do delineamento de uma visão – um futuro ideal – que deverá ser compartilhada, a arquitetura de negócios preconiza que todo bom negócio deve ser construído de maneira diferenciada, como o projeto de uma residência, de um lar, de um sonho. A bem da verdade, quando perguntamos a um corretor de imóveis qual é a sua missão, ele nos dirá que é vender imóveis. Outros, entretanto, podem entender que é a venda de sonhos. Nesses exemplos, os pontos de vista são diferentes.

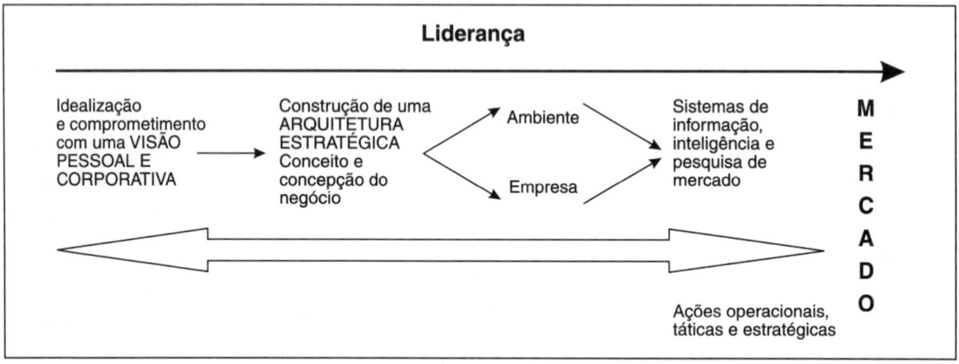

Fonte: Autor.

Figura 1.3 A arquitetura estratégica.

A arquitetura de negócios deve conceber toda a estrutura de negócios do ponto de vista pragmático de proporcionar contribuições significativas à empresa e à comunidade em que está inserida; portanto, suas estratégias deverão ser criadas e não simplesmente copiadas. Assim, entendendo a arquitetura de negócios como o ponto de partida para a construção de um negócio, vamos discutir como materializá-lo a partir da concepção de idéias. A discussão que se segue tem como base dois conceituados autores, Hamel e Prahalad (1995).

A arquitetura de negócios é *a construção do conceito e da concepção do negócio, que deve ser particular e única no mercado.* Alguns exemplos sobre concepção de negócios a serem mencionados são as empresas da área de informática. No passado, algumas delas acreditaram que vendiam hardwares e softwares; outras, contudo, tiveram uma percepção diversa e começaram a vender soluções corporativas. Outro exemplo se relaciona aos bancos: enquanto uns acreditaram que estavam no segmento de empréstimos, outros entenderam que poderiam ser parceiros de seus clientes, aprofundando relacionamentos.

Em 1895, H. G. Wells escreveu *A máquina do tempo*, em que pontuava e comparava o presente situacional e um provável futuro totalmente diferente. Assim, no que se refere às empresas, pode-se dizer que elas podem optar por um futuro provável, ao qual poderão se adaptar e no qual poderão se inserir, utilizando seus recursos a partir da percepção. Mas também podem optar por um futuro ideal, que será construído no presente, para que nele possam atuar no futuro.

O filme *Matrix*, dos irmãos Larry e Andy Wachowski, foi considerado um divisor de águas, pois grande parte de seu enredo escapava à imaginação e aos paradigmas. Muitos críticos apaixonados comentaram que seria impossível outro cineasta superar as coreografias de *Matrix*. Alguns anos mais tarde, porém, Ang Lee dirigiu *O tigre e o dragão* e, mais recentemente, Quentin Tarantino realizou os filmes *Kill Bill I* e *II*, atingindo esse intento.

Pensar e agir diferentemente significa possuir uma visão de mundo que pode ser particular em um universo em movimento.

1.2.1 A Construção de um Lar: a Engenharia de Negócios

Vamos imaginar que seu grande sonho seja morar em uma casa própria, em que cada cômodo seja de seu agrado. Todavia, o que você tem atualmente é somente um sonho, uma visão de futuro. Como construir essa casa que se tornará o seu lar? Quantos e que tipos de tijolos serão utilizados na fundação e na construção de paredes, pisos e tetos?

A partir da arquitetura de negócios, será possível o dimensionamento de recursos financeiros, humanos e de capital, entre outros. Começando pela sólida fundação, cada tijolo e cada acessório deverão ter uma função na organização. Diferentemente do planejamento estratégico tradicional, a construção incorpora qualidades e características diversas advindas de talentos humanos, cada qual com perfil e capacidade distintos, o que inclui um certo nível de filosofia que levará a um norteamento ao objetivo principal. Com isso, a empresa poderá obter a liderança em seu setor de negócios. Segundo Collins e Porras (1995, p. 15):

> Empresas visionárias são instituições líderes – a nata – em seus setores, muito admiradas pelas outras empresas da área e com um longo registro de impactos significativos sobre o mundo à sua volta. O ponto principal é que uma empresa visionária é uma organização – uma instituição. Todos os líderes, não importa o quão carismáticos ou visionários sejam, um dia morrem; e todos os produtos e serviços visionários – todas as "grandes idéias" – um dia se tornam obsoletos. De fato, mercados inteiros podem se tornar obsoletos e desaparecer. Mas as empresas visionárias prosperam durante muitos e muitos anos, ao longo dos ciclos de vida de vários produtos e durante várias gerações de líderes ativos.

Então, as empresas são constituídas por conjuntos de indivíduos empreendedores e éticos, e a sinergia obtida conduzirá os negócios ao sucesso desejado, sua permanência ou esquecimento.

Assim como os produtos, empresas e pessoas também têm determinadas fases, que podem se constituir no Ciclo de Vida Organizacional (CVO) ou Ciclo de Vida Pessoal (CVP), respectivamente. Segundo Adizes (2004, p. 89), "quando as pessoas envelhecem, os primeiros sintomas não se evidenciam nos atos ou no físico. O envelhecimento começa na mente, com mudanças de atitudes e de objetivos".

As empresas e os ativos humanos devem ser analisados pela ótica de seu CVO ou CVP. Como complemento à arquitetura estratégica, a engenharia de negócios vem conduzir a organização à construção tática e operacional de procedimentos, sistemas e operações que visam traduzir as idéias e a "planta" ao mercado consumidor.

Fonte: César Garcez Kuazaqui.

Figura 1.4 A engenharia de negócios e o sonho da construção de um lar.

1.2.2 Habilidades e Competências

Todo indivíduo deve ter determinadas qualidades que o diferenciam dos outros. É a soma dessas qualidades individuais que se torna uma verdadeira alavanca de negócios. Portanto, que qualidades e características eles devem possuir para formar a identidade da empresa?

Cada organização é um modelo único, composto por diferentes talentos com habilidades e competências distintas. Sobre uma delas – a criatividade, por exemplo –, Predebon (2002, p. 28) comenta:

> A capacidade de cada um é utilizada e desenvolvida em função do meio, de seus estímulos, das limitações que apresenta e dos bloqueios que impõe. Há muitas limitações, às vezes enormes (...), o simples rompimento dos bloqueios ou a prática pela tentativa, que tende a desenvolver a capacidade, serão suficientes para que o comportamento criativo se destaque da média.

A organização deverá, então, ao delinear sua arquitetura de negócios, determinar que composição terá e o que fará para mantê-la. Segundo Drucker (2003, p. 277), "à medida que um novo empreendimento se desenvolve e cresce, os papéis e os relacionamentos dos empreendedores originais sofrem mudanças inexoravelmente. Se os fundadores recusam-se a aceitar esse fato, eles tolhem o negócio e podem até mesmo destruí-lo".

A empresa deverá, assim, estabelecer critérios de medição e formas de manter os diferentes talentos em suas distintas fases do ciclo de vida profissional.

1.3 EDUCAÇÃO CORPORATIVA – *TRAINING* E *COACHING*

Diante do que foi exposto até agora, a questão do ensino e, principalmente, da educação corporativa despontam como valiosos instrumentos para a arquitetura e a engenharia de negócios. Dessa forma, além das tradicionais formas de obtenção do conhecimento, as empresas devem se voltar à questão da educação corporativa, no sentido do sensível diferencial corporativo. Mais que um instrumento de desenvolvimento de habilidades, a educação corporativa pode, se for bem aplicada, somar-se a outros fatores e instrumentos. Pode criar e desenvolver competências, que conduzem a empresa a uma *personalidade* de negócios. As idéias de Lowman (2004, p. 267), embora se dirijam inicialmente à área universitária, podem ser aplicadas no contexto organizacional, como se pode verificar: "Alguns enfatizam sua disciplina ('Ensino o que sei'); outros enfocavam a si mesmos ('Ensino o que sou: uma pessoa educada'), e outros eram centrados nos estudantes ('Eu treino mentes' ou 'Trabalho com os estudantes como pessoas')".

A verdadeira capacidade e o desafio são a construção e a transformação de indivíduos e talentos contributivos, visando o envolvimento, o comprometimento e o desenvolvimento de suas potencialidades. A idéia de identificação e manutenção de talentos organizacionais é uma referência que pode ser a prática de uma organização a partir de uma filosofia que esteja nela enraizada. O mesmo autor ainda afirma:

> Outra qualidade importante para se dar aula é a capacidade de explicar conceitos abstratos com clareza e simplicidade (...) Não está claro se a capacidade de explicar as idéias facilmente para os não-iniciados resulta da grande empatia, da capacidade de enfocar as concepções fundamentais ou de uma facilidade de pensar em exemplos criativos e completos rapidamente (...) De modo semelhante, alguns professores são naturalmente mais sensíveis e perceptivos que outras pessoas. Ler o significado das comunicações interpessoais e ter empatia com a variedade das experiências humanas é a segunda natureza de alguns indivíduos. (Lowman, 2004, p. 269)

Dessa forma, o ensino e a educação corporativos devem ter como base necessidades, carências e expectativas sociais da comunidade em que a empresa está inserida, incluindo seu quadro interno de colaboradores. A educação corporativa deve ser conduzida no sentido da análise e interpretação da cultura organizacional, seus propósitos e valores, devidamente transformados em uma linguagem própria e repassados em um processo de comunicação eficaz.

Nessa ótica, o *treinamento profissional* visa trabalhar as habilidades para o atendimento das necessidades referentes aos processos da empresa. Seu desafio básico é repensar os processos para que não sejam uma camisa-de-força à empresa, mas uma forma de sustentá-la por meio de procedimentos que possibilitarão a manutenção dos negócios.

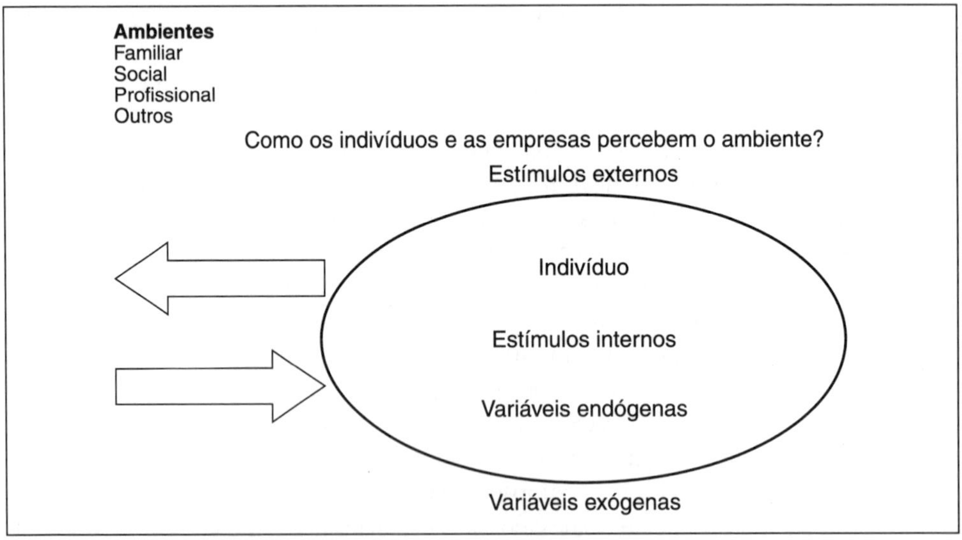

Fonte: Autor.

Figura 1.5 *Coaching* e treinamento profissional.

Em contrapartida, o *coaching* pode ser definido como a construção de um conjunto de relacionamentos sustentáveis, no qual cada indivíduo se compromete a apoiar o outro, a fim de atingir determinado objetivo. Visa o compartilhamento de habilidades e, principalmente, competências, no sentido da realização de transformações intrínsecas e extrínsecas. O *coaching* está mais ligado à questão da formação de competências que conduzam a determinados resultados.

Tanto o treinamento profissional quanto o *coaching* derivam dos estímulos exógenos e endógenos necessários ao envolvimento e comprometimento do indivíduo perante a empresa. Ao mesmo tempo, envolvem desafios que podem ser utilizados nos diferentes níveis hierárquicos – operacional, tático e estratégico –, para que haja o real movimento das contribuições individuais.

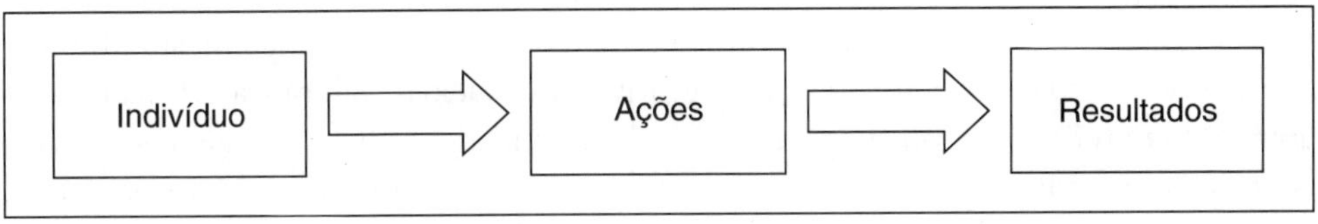

Fonte: Autor.

Figura 1.6 Diferença entre *coaching* e treinamento profissional.

O *coaching* difere do treinamento profissional à medida que parte do pressuposto de que os indivíduos absorveram e incorporaram qualidades passíveis de serem aplicadas na organização com determinados níveis de resultados e podem evoluir para outros desafios. No *coaching*, novas competências podem surgir a partir da conquista desses desafios. Então, o *coaching* pode ser considerado mais que um simples treinamento profissional, pois seus compromissos se referem a questões relacionadas ao crescimento, desempenho, resultados, ética, comportamento e excelência na ótica do cliente-fornecedor.

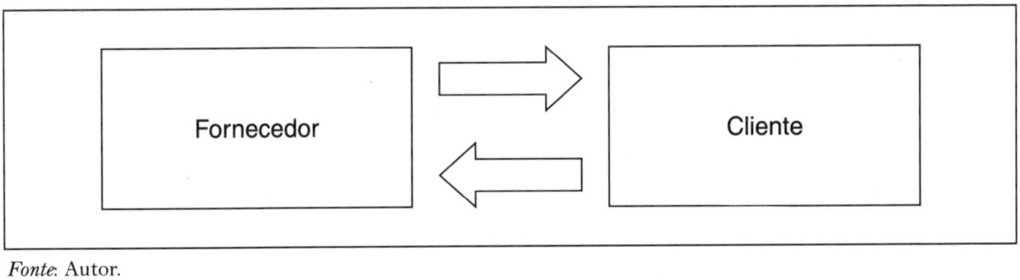

Fonte: Autor.

Figura 1.7 Visão da cadeia fornecedor-cliente.

O *coacher* desempenha a mesma função de um técnico responsável pela integração e pelo comprometimento do time com a vitória. Difere do *mentoring*, no qual um mentor com diferentes competências vai conduzir um aprendiz para substituição futura.

Dessa forma, a educação corporativa assume diferentes dimensões e aplicabilidades que podem conduzir à inserção do indivíduo e/ou empresa em seu ambiente ou comunidade.

CONCLUSÕES

Para que indivíduos e empresas consigam sobreviver e se destacar no ambiente competitivo, é necessária a criação e adoção de estratégias e posturas até pragmáticas, a fim de conquistar diferenciais e vantagens competitivas. Nesse sentido, o fenômeno da liderança tem despontado como uma verdadeira necessidade e, ao mesmo tempo, o fruto de habilidades e competências cognitivas. Por meio da liderança e de sua disseminação em todos os níveis e situações, a adaptabilidade e a flexibilidade necessárias às rápidas mudanças e transformações do ambiente organizacional são possíveis. Para tanto, além do planejamento estratégico tradicional, a arquitetura e a engenharia de negócios podem possibilitar que a organização atinja seus objetivos de forma mais racional e, ao mesmo tempo, de maneira criativa e empreendedora. De forma complementar, o ensino e a educação corporativa podem ser valiosos instrumentos para um crescimento sustentável.

RESUMO

Liderança pode ser conceitualmente entendida como o conjunto de relacionamentos interagentes – cada qual com sua relação de hierarquias e influências cognitivas. Todavia, é passível de ser analisada sob enfoques diversos, como o histórico, o educacional e o corporativo. Interessa-nos aqui, sobretudo, este último, mas que será analisado em correlação principalmente com o enfoque educacional.

EXERCÍCIOS

1. A partir da pequena evolução histórica do conceito de liderança, apresente um pequeno cenário futuro de como o conceito poderá se desenvolver.
2. Qual é a relação entre a liderança e a ética? Os dois conceitos podem evoluir de maneira diferente ou são complementares?
3. Correlacione a arquitetura e a engenharia de negócios com o planejamento e as ações estratégicas da empresa.

ESTUDOS DE CASO

A seguir, serão apresentados quatro estudos de caso. Leia-os atentamente e depois reflita a partir das questões.

1. Pós-Graduação em Marketing Internacional

Ao final da década de 1980, o país sofria uma série de mudanças, e o mercado internacional era visto como uma forma sofisticada de desenvolver negócios. A participação brasileira no cenário global era em torno de 0,5% em relação a todas as transações internacionais. Dessa forma, as empresas estavam mais preocupadas com o mercado interno que com o externo, por vários motivos:

- a tradição histórica de atuar no mercado doméstico, no qual haveria supostamente todo o conhecimento e controle de mercado;
- a falta de tradição histórica do país em atuar no âmbito internacional;
- a possibilidade de entesouramento de recursos no mercado financeiro, garantindo ganhos não-operacionais e a ilusão de vitória empresarial.

Com a abertura do mercado propiciada pelo Plano Collor, as empresas depararam com o sucateamento repentino em face da concorrência internacional; com isso, diversos segmentos (como o têxtil, por exemplo) perderam expressiva participação. Percebeu-se que o mercado ou era formado por poucos profissionais com vasta experiência (não somente técnica), ou por profissionais com uma visão muito técnica e menos comercial.

Dessa forma, no início da década de 1990, foi criado o primeiro curso de pós-graduação em marketing internacional do país, visando instrumentalizar e, ao mesmo tempo, inovar as relações e a percepção com a nova realidade do país a partir da abertura de mercado. Desde então, o curso tem propiciado, além da alavancagem e da construção do conhecimento, a efetiva mudança e, principalmente, a transformação, por meio de pesquisas e atividades profissionais.

Tudo se originou de um sonho e de um ideal, no qual uma visão de futuro se tornou um fator preponderante para fazer a máquina do conhecimento entrar em funcionamento.

2. Liderança

Uma grande instituição norte-americana de ensino estava efetuando, por várias razões, um *downsizing* em seu quadro interno de colaboradores docentes. Dessa forma, reuniu parte dos professores; após expor os motivos, indagou se no grupo haveria alguém disposto a deixar a instituição, dando um prazo até a semana seguinte para as respostas. Ao fim do prazo estabelecido, a instituição foi procurada pelos professores, que não queriam apresentar os demissionários, mas sim uma nova proposta de um curso de mestrado em liderança. Atualmente, esse programa é um dos mais renomados e conceituados mundialmente.

3. A Criatividade, a Sugestão e a Religião

De acordo com uma das lendas urbanas no país, uma pequena gráfica, com muitos anos de existência, estava passando por profundas dificuldades financeiras, quase beirando à falência. Diante dessa realidade, os proprietários (a empresa era familiar), desesperados, tentaram todas as alternativas e até fizeram promessas para seus santos de devoção. Dessa forma, elaboraram um "santinho" com uma promessa e o distribuíram, para pôr fim às dificuldades financeiras. Então, tiveram a idéia de vender o mesmo produto a outras pessoas; em pouco tempo, a confecção de santinhos no país se tornou uma prática normal. E a empresa conseguiu superar as dificuldades e obteve o crescimento esperado.

4. O Homem e o Cachorro

Um homem dirigia melancolicamente em alta velocidade por determinada avenida de uma cidade. Como estava distraído, pensando nas diversas dificuldades de sua vida, nem se deu conta de que um cão atravessava a rua. Ao notar o cachorro, o motorista, em um ato reflexo, levou às mãos ao rosto, atropelando o animal. Chegando em casa, o homem simplesmente começou a chorar pela morte do cão.

QUESTÕES PARA REFLEXÃO

1. Qual é a ligação entre os quatro estudos de caso apresentados?
2. Relacione a essência dos dois primeiros casos com o terceiro, envolvendo a prática dos "santinhos".
3. Que lições podem ser aprendidas especificamente do estudo do homem e o cachorro?

REFERÊNCIAS BIBLIOGRÁFICAS

ADIZES, I. *Gerenciando os ciclos de vida das organizações.* São Paulo: Prentice-Hall, 2004.

ALEXANDRE. Diretor: Oliver Stone. Estados Unidos, 2005.

COLLINS, J. C.; PORRAS, J. I. *Feitas para durar*: práticas bem-sucedidas de empresas visionárias. 9. ed. São Paulo: Rocco, 1995.

DRUCKER, P. *Administrando em tempos de grandes mudanças.* São Paulo: Thomson Learning, 2003.

GANDHI. Diretor: Richard Attenborough. Inglaterra: Columbia Vídeos, 1982. 1 DVD.

HAMEL, G.; PRAHALAD, C. K. *Competindo pelo futuro.* São Paulo: Campus, 1995.

KILL BILL I. Diretor: Quentin Tarantino. Inglaterra: Imagem Filmes, 2004. 1 DVD.

KILL BILL II. Diretor: Quentin Tarantino. Inglaterra: Imagem Filmes, 2004. 1 DVD.

KUAZAQUI, E. *Marketing internacional.* São Paulo: Makron Books, 2006.

KUAZAQUI, E.; KANAANE, R. *Marketing e desenvolvimento de competências.* São Paulo: Nobel, 2004.

LOWMAN, J. *Dominando as técnicas de ensino.* São Paulo: Atlas, 2004.

MATRIX. Diretores: Larry Wachowski e Andy Wachowski. Estados Unidos: Warner Home Vídeo, 1999. 1 DVD.

O SENTIDO dos Gansos. Disponível em: http://www.siteamigo.com/msg/gansos.htm. Acesso em 9 jan. 2005.

O TIGRE E O DRAGÃO. Diretor: Ang Lee. Inglaterra: Columbia Vídeos, 2000. 1 DVD.

PREDEBON, J. *Criatividade*: abrindo o lado inovador da mente. 4. ed. São Paulo: Atlas, 2002.

RIFKIN, J. *The end of work*: the decline of the global labor force and the dawn of the post-market era. Nova York: The Putnam Berkley Group, 1995.

WELLS, H. G. *A máquina do tempo.* Lisboa: Europa-América, 1992.

Endereço eletrônico

http://br.news.yahoo.com/051116/5/2bhh.html. Acesso em 18 nov. 2005.

2 Modelo de Gestão de Habilidades e Competências Corporativas

João Pinheiro de Barros Neto

OBJETIVOS DO CAPÍTULO

- Definir os conceitos principais relativos ao tema.
- Explicar o que são habilidades e competências corporativas.
- Identificar a relação entre ativos intangíveis e competências corporativas.
- Demonstrar o processo de criação e desenvolvimento de competências corporativas.
- Mostrar como obter vantagem competitiva com base em competências.
- Apresentar no que se constituem as competências corporativas básicas.
- Esclarecer o papel da liderança no processo.
- Refletir, por meio de um estudo de caso, acerca das habilidades e competências corporativas.

INTRODUÇÃO

Em artigo recente para a *Estudos em Liderança*[1], abordamos a questão de que as empresas, de forma geral, não têm muito clara a associação entre competências organizacionais e individuais e, pior, de que há graves lacunas entre o desenvolvimento de competências pessoais, coletivas e organizacionais.

No artigo mencionado, ficou evidente que poucas organizações conseguem enxergar um processo cíclico e contínuo que flui das competências individuais, passa pelas competências coletivas e termina nas tão almejadas competências corporativas. Aliás, a transição das competências individuais para as corporativas requer mais estudos, pois continua a ser um tema muito controverso na literatura[2].

---

1 Barros Neto, Liderança & competências organizacionais, 2005. Este capítulo é um desenvolvimento do trabalho iniciado no mencionado artigo.

2 Nesse sentido, ver os artigos de Oderich, de Bittencourt e de Becker e Lacombe em Ruas et al. (2004).

De fato, não é simples compreender como uma organização é capaz de deter alguma competência, a não ser que estejamos falando daquela que, de alguma forma, provenha das pessoas que compõem a organização. Essas competências que caracterizam uma organização tomada em sua totalidade, não apenas um indivíduo ou um grupo, são o que denominamos *competências corporativas*.

Isso porque o termo *corporação* nos traz a idéia de um corpo único (*corpus*), de uma reunião de pessoas em um conjunto coeso. Realmente, as primeiras corporações de ofício tinham mesmo a finalidade de aglutinar uma determinada categoria profissional com o intuito maior de defender seus membros.

Então, quando falamos de corporações (ou organizações), estamos falando também de indivíduos; na verdade, não há como compreendê-las e estudá-las se não entendermos primeiro as pessoas que as compõem.

Dessa forma, o que propomos nesta discussão é, inicialmente, entender o processo pelo qual uma empresa adquire determinadas competências que a levam a obter e sustentar uma vantagem competitiva. Isso só é possível mediante a, digamos assim, apropriação das competências individuais de seus funcionários, as quais, por meio de um processo estruturado, são potencializadas em competências coletivas e, finalmente, em competências organizacionais. Talvez a palavra *apropriação* soe um pouco forte, porém é exatamente isso, a empresa deve utilizar as competências de seus funcionários para obter a diferenciação.

Tirando toda a conotação ideológica que o termo *apropriação* possa indicar, queremos deixar claro que esse processo deve ser bom para todas as partes envolvidas, ou seja, à medida que a empresa cria o ambiente propício para o desenvolvimento das competências individuais, ela precisa também fazê-lo de forma que estimule sua força de trabalho a crescer continuamente, no sentido de ser cada vez mais competente.

Ser mais competente, no nosso contexto, significa, portanto, não só adquirir novas competências, mas aprimorar as atuais, desde que continuem válidas à organização e interessantes ao funcionário.

2.1 DEFININDO CONCEITOS

Inicialmente, vamos definir que a corporação é a grande organização do século XXI. Caracterizada como referencial de excelência em suas práticas de gestão e resultados obtidos, é aquela organização que não reconhece fronteiras quando o assunto é a qualidade de seus produtos ou serviços. Para conseguir isso, a corporação, sem dúvida, precisa dispor de habilidades e competências muito especiais.

Todos temos uma boa noção do que sejam habilidades e competências, pois são palavras que ouvimos desde os primeiros anos de educação e depois, inexoravelmente, ligaram-se ao nosso cotidiano profissional. De fato, quem nunca ouviu a professorinha comentar que este ou aquele colega de turma tinha mais habilidade com a matemática que o outro, ou uma chefia dizer que um colega de trabalho era incompetente para alguma tarefa?

Portanto, a habilidade está relacionada à destreza ou à propensão para realizar algo, uma verdadeira aptidão. Já a competência denota um conhecimento profundo (entenda-se teórico e prático), uma mestria nas artes ou um domínio completo em alguma disciplina. Observemos que a negação dessas capacidades tem um sentido extremamente perverso, pois acarreta um desmerecimento *a priori*. Ninguém se atreveria a contratar um profissional rotulado como incompetente ou um artesão conhecido como inábil, ou seja, não ser competente ou habilidoso implica, no senso comum, não servir para nada. É claro que, se pensarmos um pouco, logo veremos que competências e habilidades são termos que restringem; explicando melhor, uma pessoa ou organização só podem ser hábeis ou competentes em alguma coisa ou algumas coisas, mas nunca em tudo; porém, não há como escapar da força que esses conceitos gozam no mundo do emprego e dos negócios.

É óbvio que ambos os conceitos se aplicam tanto às pessoas quanto às organizações, pois estas últimas são fundamentalmente o resultado dos esforços das primeiras, ressaltando-se que resultado não significa meramente a soma dos esforços de cada um. Assim, ao considerarmos a organização como um todo, podemos analisar a questão em três níveis bem distintos, conforme a tabela a seguir.

Tabela 2.1 Níveis de habilidades e competências

Nível das competências e habilidades	Âmbito	Questões principais	Disciplinas e/ou áreas do conhecimento
Microorganizacionais ou pessoais	Pessoas consideradas individualmente	Habilidade individual, motivação, satisfação	Psicologia, principalmente
Mesoorganizacionais	Grupos, equipes e times	Liderança, socialização, dinâmica de grupo	Psicologia e sociologia
Organizacionais	Organização como um todo em face do ambiente	Estrutura, poder, *status* conflito, negociação, competitividade, eficiência e eficácia, cultura	Sociologia, economia, antropologia, política

Fonte: Adaptado de Wagner III e Hollembeck, 2003.

Estabelecidos esses níveis e diferenças, vamos entender melhor o que são habilidades e competências. Para Fleury e Fleury (2001, p. 21), competência seria um "saber agir responsável e reconhecido, que implica mobilizar, integrar, transferir conhecimentos, recursos, habilidades que agreguem valor econômico à organização e valor social ao indivíduo". Em recursos humanos, já é famosa e conhecida, em especial de diletantes do assunto, a fórmula CHA, ou seja, a de que competência nada mais é que a soma de **c**onhecimentos, **h**abilidades e **a**titudes.

Competência = **C**onhecimentos + **H**abilidades + **A**titudes

Essa equação pode ser traduzida em termos mais simples, como na fórmula a seguir:

Competência = Saber + Fazer + Querer

Portanto, está claro que o conceito de competência abrange o de habilidades e algo mais. De fato, a habilidade acarreta a idéia de aptidão para resolver situações ou para agir de maneira apropriada, portanto, é apenas um elemento para que uma pessoa ou organização seja considerada competente em alguma coisa; ou seja, a habilidade é necessária para a competência, mas não é suficiente. Não obstante, observemos que esse conceito pode ser aplicado tanto para indivíduos como para organizações, o que nos remete à Tabela 2.1 e aos diferentes níveis de compreensão de habilidades e, principalmente, de competências.

Assim, quando dizemos que um indivíduo ou organização são competentes, imediatamente nos vêm à mente adjetivos positivos, como ágil, eficaz, capaz, eficiente, dentre outros, quer estejamos nos referindo a uma pessoa, a um grupo, ou a uma organização. Naturalmente, ser competente também implica ter poder e autoridade reconhecida.

Dessa forma, parece-nos já estar claro que a competência depende da natureza do trabalho a ser realizado e dos objetivos a serem alcançados. Além disso, não nos esqueçamos de que, nos níveis micro e meso da organização, predomina o caráter do trabalho eventual do mundo pós-industrial, ou da era do conhecimento; no nível organizacional encontramo-nos em um mundo que caminha aceleradamente para uma globalização quase total, de concorrência sem limites, o que implica, necessariamente, considerar a competência como algo sempre não concluído, em estado de formação. Ou seja, trata-se de um conceito dinâmico de aprendizagem contínua. É importante ter sempre em mente esse contexto, pois, do contrário, iremos pelo caminho que, a princípio, parece mais fácil: o de considerar competência como um estado permanente, que não nos trará qualquer uso prático no ambiente de negócios imprevisível deste início de século.

Na verdade, se o trabalho das pessoas e as atividades da organização envolvem aprendizagem, então podemos assumir que pessoas e organizações criam competências[3]. De fato, as competências, assim como o conhecimento, são construídas e partilhadas socialmente, não podendo ser guardadas ou estocadas, uma vez que são construídas por meio de relações. De fato, a construção das competências altera a forma como o indivíduo compreende seu trabalho, muda a maneira como o grupo se relaciona e transforma o modo como a organização atua no mercado.

Tomemos um exemplo para esclarecer esse conceito, tão importante para nossa discussão. Imaginemos uma pessoa que conheça muito bem as regras do futebol. Isso lhe faz um jogador competente? Obviamente que não. O fato de conhecer o jogo, seja por experiências anteriores, seja por esforço intelectual (leituras, dedução das regras pela observação), não é suficiente para fazer um jogador competente. Agora imaginemos que essa pessoa, além de conhecer o jogo, também possua dotes e aptidões favoráveis ao exercício do futebol, como velocidade, impulsão, destreza, inteligência cinética, visão periférica aguçada, senso de oportunidade, chutes possantes etc. Isso seria suficiente para fazer-lhe um jogador competente? Ainda não, seria a resposta, porque se, mesmo com todas as qualidades e os conhecimentos, a pessoa não quisesse jogar – ou seja, pôr em prática seus conhecimentos e habilidades –, estes de nada serviriam; então, teríamos, no máximo, um jogador em potencial, pois ainda lhe faltaria a vontade de jogar, a atitude para empenhar seus esforços.

Em síntese, essa pessoa só seria um jogador competente se conhecesse o jogo, tivesse as qualidades necessárias e a vontade para jogar. Observe que os três elementos são necessários (conhecimento, habilidade e atitude), mas não suficientes, se forem considerados isoladamente ou em correspondência biunívoca, para fazer alguém competente em alguma coisa. Por mais vontade e habilidade que o jogador tiver, se não souber como fazer, não será competente. Ele também obterá pouco resultado se cometer um elevado número de faltas, impedimentos e passes errados, que comprometeriam o desempenho do atleta habilidoso e disposto. Também de nada adiantaria uma pessoa com muita vontade de jogar e com conhecimento de como se desenvolve o jogo se lhe faltasse, por exemplo, a aptidão física, e ela não conseguisse correr. No mínimo, teríamos sérias limitações e não poderíamos considerar nosso amigo um jogador competente.

---

[3] Nesse sentido, ver o artigo de Boff e Abel em Ruas et al. (2004).

Esse exemplo é útil também para ilustrar como as competências individuais (o jogador) se transformam em competências coletivas (a equipe) e se tornam competências organizacionais (o time vencedor). De fato, só existem grandes times vencedores quando há uma equipe sintonizada composta de grandes talentos individuais.

2.2 HABILIDADES E COMPETÊNCIAS CORPORATIVAS

Habilidades e competências corporativas constituem-se em ativos intangíveis e nada mais são que a soma das capacidades organizacionais que garantem sua sustentabilidade e que, em última análise, residem em seus funcionários. De fato, Stewart (1998, p. 2) define ativo intangível ou, de forma mais abrangente, capital intelectual como a "soma de todos os conhecimentos que todos os empregados de uma empresa possuem e que lhe dão uma vantagem competitiva"[4], ou seja, é a capacidade de os funcionários da empresa satisfazerem a necessidade dos clientes.

Há uma infinidade de ativos intangíveis que podem ser classificados das mais diversas formas, e, é muito importante ressaltar, cada organização tem seu portfólio de intangíveis, pois, para cada uma, há um conjunto específico de ativos que lhe agregam valor por meio da geração de vantagens competitivas. A tabela a seguir ilustra alguns ativos intangíveis que representam valor para boa parte das organizações e que podem determinar a criação e a sustentação de vantagens competitivas para a grande maioria delas.

Tabela 2.2 Exemplos de ativos intangíveis

Ativo	Definição	Exemplos
Humano	Retorno que as pessoas da força de trabalho proporcionam à organização pela aplicação de conhecimentos, habilidades e atitudes	Idéias, criatividade, solução de problemas, inovação
Mercadológico	Relacionados ao mercado e aos clientes	Marca, imagem
Relacional	Maneira pela qual a organização estabelece e mantém relacionamentos com as partes interessadas	Lealdade dos clientes, confiança dos fornecedores
Propriedade Intelectual	Todos os que precisam de registro legal para serem protegidos	Patentes, direitos autorais, fórmulas
Processo	Ligados ao *know-how*, à maneira singular de a organização fazer as coisas	Metodologias, sistemas

[4] No original: "*El capital intelectual es la suma de todos los conocimientos que poseen todos los empleados de una empresa y le dan a ésta una ventaja competitiva*".

O objetivo dessa tabela é apenas ilustrar; propomos que o leitor procure identificar os principais ativos intangíveis de sua organização, depois os classifique de acordo com a taxonomia que considerar mais conveniente e veja que, embora os exemplos possam ser bem diferentes, os tipos não fugirão muito dos que apresentamos.

Segundo o modelo de fluxo transitivo de competências, podemos dizer que a capacidade dos empregados são suas competências, pois apenas o conhecimento (capital intelectual) não seria suficiente para criar e sustentar a vantagem a que se refere Stewart (1998). De fato, já vimos que, além do conhecimento, são necessárias as habilidades e a atitude, pois, do contrário, não há efetividade nem resultados; ou seja, o que importa é que a competência deixe de ser um potencial e se concretize em superioridade ou vantagem em relação aos competidores.

Kaplan e Norton (2004, p. 203-204), embora reconheçam a dificuldade de as organizações gerirem seus ativos intangíveis, defendem que os ativos estejam alinhados com a estratégia da empresa e que haja um programa integrado para suportar o aprimoramento de todos os ativos intangíveis da organização. Isso é fácil de entender; basta refletirmos um pouco para responder à seguinte pergunta utilizada pelos autores: "Que tipo de treinamento trará mais valor à empresa; qualidade total ou atendimento ao cliente?". Ora, se a estratégia da empresa for baixar custos, o treinamento em qualidade deve gerar valor mais rapidamente, porém, se for de solução total ao cliente, o segundo tipo de curso será mais adequado. Assim, mais uma vez, confirma-se que a questão das competências é contingencial, e tanto pessoas quanto organizações devem ter o cuidado de focalizar seus esforços para desenvolver as competências adequadas.

Nessa linha, Kaplan e Norton (2004, p. 207) denominam competências estratégicas a "disponibilidade de habilidades, talento e conhecimento para executar as atividades requeridas pela estratégia". Ainda segundo os autores, 80% das empresas estudadas por eles apresentam esse objetivo. Em outras palavras, cada empresa deve desenvolver, de acordo com suas características e sua estratégia, o portfólio de competências mais adequado.

A questão, então, se resume ao fato de que cada caso é um caso, e vamos ver o que fazer quando chegar a hora? A resposta é um sonoro não. Entendemos que há um conjunto de competências básicas ou genéricas que toda organização deve ter e um conjunto mais particular, afeito às peculiaridades de cada empresa (mercado, ambiente, produto etc.), que, no total, definem a tão desejável vantagem competitiva. Ruas (2004, p. 46), por exemplo, identificou em sua pesquisa diferentes tipos de competências em diversos níveis de competitividade, conforme indica a tabela a seguir.

Tabela 2.3 Competências organizacionais

Básicas	Contribuem decisivamente para a sobrevivência da organização em médio prazo (sobrevivência)
Seletivas	Diferenciam a organização no espaço de competição em que ela atua, contribuindo para uma posição de liderança, ou quase, nesse mercado (diferenciadoras)
Essenciais	Diferenciam a organização no espaço de competição internacional, contribuindo para uma posição de pioneirismo nesse mercado (excepcionais)

Fonte: Ruas, 2004, p. 46.

Vamos propor um exemplo simples que vai esclarecer e permitirá avançar um pouco mais na questão das competências corporativas. Qualquer organização que vise o sucesso (e são todas) não pode, em seu portfólio de competências, prescindir de uma ênfase especial no relacionamento com os clientes. As habilidades, conhecimentos e atitudes na competência podem ser diferentes (e serão), porém a competência deve existir e realmente ser efetiva, qualquer que seja a organização.

Embora o exemplo seja de simples entendimento, por certo a questão é complexa, pois as competências devem ser definidas em termos de objetivos contingentes, de tal modo que pessoas e organização consigam exercer papéis diferentes em diferentes situações, e isso, diga-se de passagem, não se aprende em escolas nem em treinamentos corporativos.

2.3 CRIAÇÃO E DESENVOLVIMENTO DE COMPETÊNCIAS CORPORATIVAS

A globalização, a nova economia, as tecnologias emergentes, as desregulamentações, o fim do estado-nação (Ohmae, 1999) e a sociedade pós-capitalista (Drucker, 1999), entre outros fatores, impõem que as empresas se renovem continuamente em ritmo cada vez mais acelerado, para não sucumbir nesse ambiente complexo. A todo momento, surgem novos concorrentes, produtos novos e imitações, enfim, tantos desafios, que só sobrevivem os melhores, os mais competentes.

O que é visto como ameaça para muitos é visto como oportunidade para outros que conseguem se impor, e vencer por sua competência. Afinal, Darwin já mostrou, há muito tempo, que só sobrevivem os que melhor se adaptam ao ambiente. No mundo dos negócios, existem inúmeros exemplos de organizações que estão apresentando aumento de crescimento, mesmo em setores considerados maduros, e, por mais que se busquem explicações e justificativas para o sucesso de poucos, chegamos sempre à conclusão inexorável: o mundo é dos mais competentes.

Nesse cenário, é de importância estratégica para qualquer organização não só aprimorar suas competências, mas principalmente criar e desenvolver as competências certas.

Assim, pelo exposto anteriormente, uma corporação não pode apresentar qualquer competência ou mesmo habilidade que não tenha origem em sua força de trabalho. Por isso, para nós, habilidades e competências corporativas possuem, na verdade, um aspecto de fluxo dinâmico em permanente processo de construção, conforme esquematizamos na Figura 2.1.

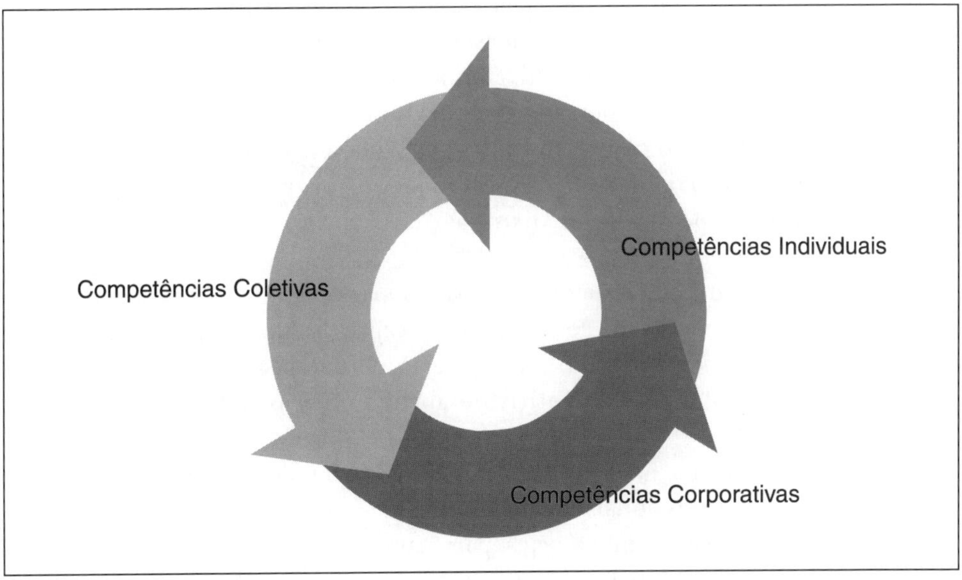

Figura 2.1 Fluxo transitivo de competências.

De fato, tudo começa e termina nas pessoas da empresa; nesse sentido, a liderança, que define em última instância os rumos da organização, tem papel preponderante. Na verdade, a liderança nada mais é que uma classe especial de pessoas da organização – mas sempre pessoas.

Além disso, o termo *especial* não quer dizer que sejam pessoas melhores ou piores que as demais, mas apenas que têm alguns atributos diferentes, como, por exemplo, autoridade, ou seja, o direito de mandar e de esperar obediência.

É claro que esse fluxo não vai ocorrer por acaso; na verdade, precisa ser ativado e continuado em torno de objetivos claros, especificamente definidos, em um processo estruturado.

Observemos que o modelo de fluxo transitivo de competências, associado à fórmula CHA (competência = conhecimentos + habilidades + atitude), vista anteriormente, explica tanto as habilidades e competências individuais quanto as corporativas.

Daí o modelo de fluxo transitivo de competências, que guarda uma idéia simples – a de que competências corporativas só existem por causa das individuais, que se tornam coletivas e, posteriormente, adquirem uma dimensão organizacional –, ser fundamental para as corporações modernas. Qualquer empresa que queira criar e sustentar a vantagem competitiva precisa investir em sua força de trabalho, dotá-la das competências necessárias, a fim de que, por meio dessas competências individuais, seja possível o desenvolvimento de competências coletivas e, por fim, das desejadas competências corporativas.

Naturalmente, o fluxo não é ativado meramente pela boa vontade de alguns poucos líderes, mas é fruto de um processo estruturado, encabeçado e estimulado pela liderança da organização como um todo. À medida que o fluxo corre e entra em um ciclo contínuo, os compartimentos estanques da organização começam a ruir, e o cruzamento de perspectivas distintas na própria empresa estimula ainda mais o aprendizado.

A interação entre vários atores, setores, departamentos, pessoas, enfim, propiciada pelo fluxo transitivo de competências, é capaz de dar causa ao aparecimento de uma visão totalmente nova e à descoberta de perspectivas inovadoras, que vão gerar mais vantagem competitiva e abrir inúmeras novas oportunidades de crescimento.

De qualquer forma, hoje, praticamente no mundo todo (pelo menos no mundo dos negócios), os profissionais de todas as áreas, e especialmente a liderança, necessitam desenvolver competências para enfrentar os novos desafios de um mercado cada vez mais globalizado, em que o que conta é o relacionamento com os clientes. Nesse sentido, o valor do profissional deslocou-se para uma atuação de parceria em negócios estratégicos e gerenciamento de projetos. É comum ouvirmos algumas denominações antes pouco usuais para os novos cargos e funções dessa era, como, por exemplo, gerentes de relacionamento, consultores de valor agregado, negociadores, *coaches*, formadores de opinião, colaboradores, membros do time.

Em síntese, tanto os profissionais como as organizações precisam conseguir um maior nível de habilidades, ou seja, aprender a aprender continuamente novas competências, conhecimentos, habilidades, atitudes e aplicá-los efetivamente no dia-a-dia, para garantir o alcance de objetivos e a obtenção de resultados relevantes às partes interessadas.

Para atender a essas necessidades, precisamos construir uma organização de classe mundial, com foco na aprendizagem e no desenvolvimento das habilidades e competências requeridas para uma interação profícua com os *stakeholders*. Por isso, atualmente fala-se tanto em competências e habilidades para explicar e justificar o diferencial competitivo das pessoas e das organizações. Dessa feita, é importante que tenhamos em mente de forma clara o que se quer dizer com esses conceitos, para podermos entendê-los, analisá-los e aplicá-los adequadamente.

2.4 VANTAGEM COMPETITIVA BASEADA EM COMPETÊNCIAS CORPORATIVAS

Sumantra Goshal e Cristopher Batler[5] já apontavam, em meados da década de 1990, que, em um mundo no qual a tecnologia começava a não mais fazer muita diferença, mesmo grandes organizações precisavam ir além da mera busca por flexibilidade e resposta rápida às necessidades dos clientes. Segundo os autores, elas tinham de explorar melhor suas vantagens que, ao contrário do que muitos pensam até hoje, não residem na economia de escala ou mesmo no tamanho da empresa, mas no talento e no conhecimento de sua força de trabalho.

De fato, Dessler (1998, p.14), ao comentar o artigo de Goshal e Batler, defende que "gerentes bem-sucedidos" são aqueles que se esforçam para criar um ambiente no qual as competências dos funcionários possam "aflorar". Nesse sentido, ele sugere práticas que já são muito conhecidas de todos, embora nem sempre sejam aplicadas na prática, nem mesmo por gestores experientes e que utilizam o discurso de valorização de seus recursos humanos: delegação, mais responsabilidade, educação, treinamento e fomento da auto-estima.

Na verdade, os três autores querem dizer que se faz necessário para a organização obter vantagem competitiva sustentável, estimular o aprendizado de sua força de trabalho. Nesse sentido, é importante mencionar que o ambiente propício ao aprendizado é aquele no qual as pessoas estão dispostas a aprender e não têm medo de errar, o que só é possível se houver realmente uma relação harmônica e sintonizada entre as pessoas e a organização.

Isso significa que a organização que tem a liderança adequada consegue esse ambiente propício, que a leva a um ciclo contínuo de desenvolvimento de competências, pois cada ciclo do fluxo transitivo de competência acarreta o crescimento do indivíduo, do grupo e da organização, que alcançam um novo patamar de competências e de excelência. É semelhante à idéia do efeito bola de neve de Senge (1994, p. 87), de Kaizen ou melhoria contínua (Martins e Laugeni, 2005, p. 465). A Figura 2.2 esquematiza esse processo.

---

[5] O artigo de Goshal e Batler intitula-se "Changing the role of top management: beyond structure to processes", publicado na *Harvard Business Review*, p. 69-78, jan./fev. 1995.

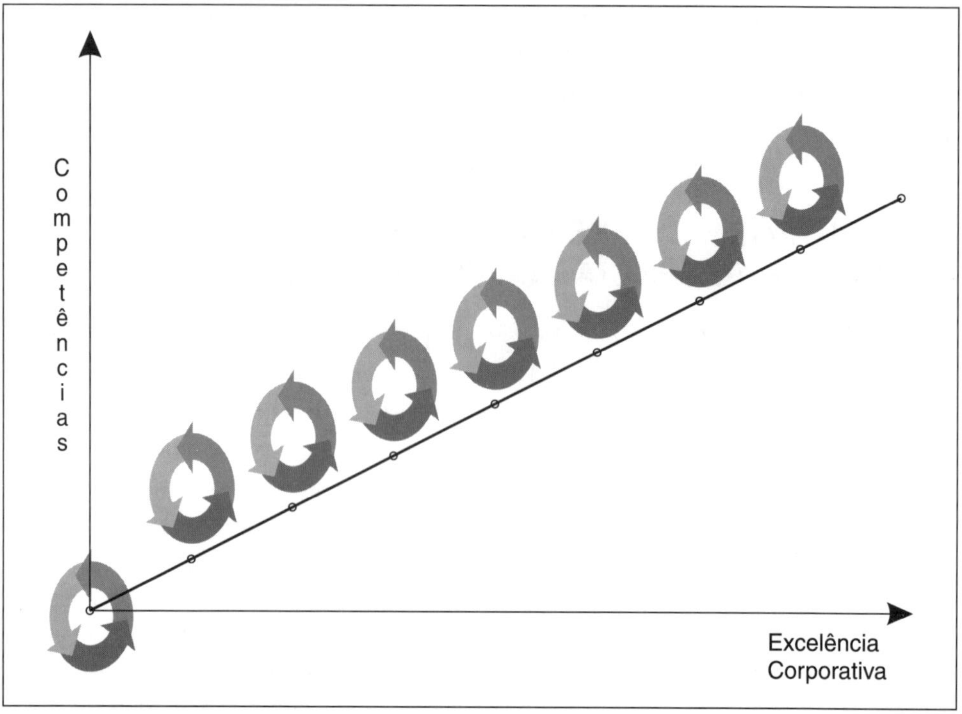

Figura 2.2 Processo contínuo de elevação do nível de competência.

Observemos que a elevação do nível de competências individuais leva, de acordo com o modelo apresentado de fluxo transitivo de competências, a uma elevação dos níveis de competências coletivas e corporativas, gerando com isso o aumento do capital intelectual, da capacidade da organização de satisfazer as necessidades de seus clientes e, por fim, gerar e sustentar a tão almejada vantagem competitiva.

Se considerarmos que, na economia globalizada de hoje, o setor de serviços chega a representar de 60% a 80% do produto interno bruto dos países desenvolvidos (Chesbrough, 2005, p. 26), não temos mais necessidade de procurar outros argumentos para justificar que as empresas voltem sua atenção e esforços ao desenvolvimento das competências de sua força de trabalho. Nesse ambiente, a inovação reside menos nos produtos, e o diferencial passa a ser percebido no modo como o relacionamento é estabelecido e mantido com o mercado.

Ressaltamos, neste ponto, que não se trata meramente de treinar os colaboradores. Isso é muito pouco, como vimos, pois facilmente se aprimora a capacidade técnica das pessoas. Muito mais difícil é a questão das habilidades, assim como das atitudes e da motivação; ou seja, faz-se realmente necessário focar o ser humano holisticamente, no conceito mais amplo de competência que ora estamos defendendo.

Ao atingirmos esse ponto de nossa discussão, é pertinente um caso real que ilustre de que forma a estratégia contingencia os conhecimentos, as habilidades e as atitudes, ou seja, as competências, e estas definem a vantagem competitiva.

Estamos falando de uma grande empresa de logística, reconhecida por sua excelência empresarial, cuja vantagem sobre a concorrência é a de entregar produtos em virtualmente qualquer local do território nacional, com confiabilidade e regularidade. Na Tabela 2.4, a primeira linha indica os níveis micro, meso e macro (veja a Tabela 2.1, já explicada) e, logo abaixo, discrimina-se a competência (CHA) em função da estratégia e a vantagem resultante.

Observemos que essa empresa tem uma estratégia clara, que, por sua vez, força a organização a centrar suas forças para mobilizar a competência necessária (conjunto de conhecimentos, habilidades e atitudes, como já visto) em sua força de trabalho, para que a competência organizacional esperada possa ser desenvolvida. Se o processo foi adequadamente conduzido, então criará a vantagem competitiva e a sustentará enquanto a organização for capaz de aprender, uma vez que, frisamos, as competências não são estáveis. Logicamente, se o processo não está bem compreendido e estruturado, dificilmente a vantagem será criada e, muito menos, sustentada.

Tabela 2.4 Decomposição da estratégia e da vantagem em competências

<table>
<tr><th>Macro</th><th>Micro</th><th>Meso</th><th>Macro</th><th>Macro</th></tr>
<tr><td rowspan="3">Estratégia: Excelência Operacional</td><td>Conhecimentos: dos percursos, das rotas, das conexões da malha de transporte, embalagens etc.</td><td rowspan="3">Competência coletiva: realizar as atividades e o trabalho em nível de excelência</td><td rowspan="3">Competência organizacional: sistema logístico ágil, flexível, eficiente</td><td rowspan="3">Vantagem competitiva: entregar produtos em qualquer lugar, com confiabilidade, regularidade e prazo determinado</td></tr>
<tr><td>Habilidades: otimizar percursos, integrar linhas, antecipar horários</td></tr>
<tr><td>Atitudes: disposição para o aprendizado, vontade de melhorar continuamente etc.</td></tr>
</table>

Façamos um paralelo com o conceito de *core competencies* de Hamel e Prahalad (1993), o qual indica o aprendizado coletivo na organização, especialmente o conhecimento de como coordenar as diversas habilidades produtivas e integrar as várias correntes tecnológicas[6]. A tabela deixa clara essa relação, confirmando assim a transmutação do individual em coletivo e, posteriormente, em corporativo.

[6] No original: "*The collective learning in the organization, especially [knowing] how to coordinate diverse production skills and integrate multiple streams of technologies*", apud Dessler, 1998, p. 200.

O ato de não entrar nesse fluxo de aprimoramento contínuo das competências leva a organização a estacionar em um nível de desempenho que, naquele momento, pode até ser o ótimo, mas que, com o passar do tempo, deixa de ser e vai automaticamente caindo, não porque a empresa piorou, mas porque os demais avançaram. É como aquela história do voluntário para o matadouro: como ninguém se apresenta, todos dão um passo para trás, e um único, que não se moveu, passa, imperceptivelmente (para ele próprio, claro), a ser o que deu o passo à frente, quando, na verdade, foram os demais que recuaram.

Em nosso caso, a situação é um pouco diferente, porém o exemplo se encaixa perfeitamente. Se a organização não estiver constantemente elevando seu nível de competência, as demais dão o passo à frente e ela fica para trás. Quando isso ocorre, as pessoas e a organização começam a ser vistas como incompetentes e deixam de receber as recompensas pelo sucesso, o que reduz a auto-estima das pessoas e a imagem positiva da empresa. Isso pode conduzir a um círculo vicioso perigosíssimo, capaz de levar a organização ao fracasso total.

2.5 AS COMPETÊNCIAS BÁSICAS

Em face de nossa discussão até o momento, seria possível afirmar que existem competências essenciais para todas as organizações; em outras palavras, será que algumas competências são tão importantes que necessariamente devem fazer parte do portfólio de competências de todas as organizações?

A pergunta requer certa dose de reflexão, pois já vimos que as competências são contingenciais por excelência, porém qualquer bom observador não poderá negar que existem mesmo algumas competências, ou pelo menos um bom conjunto de habilidades, sem as quais fica muito difícil obter sucesso, qualquer que seja o ramo de negócio.

O fato é que, independentemente da estratégia da empresa, de seu ramo de atividade, do mercado de atuação e de outros condicionantes, sempre haverá, digamos assim, algumas coisas que ela deverá fazer muito bem, seja porque as demais concorrentes também o fazem, seja porque se constituem no mínimo exigido por seus clientes.

Um exemplo esclarecedor pode ajudar a ilustrar essa situação. Imaginemos uma grande empresa de software, com um produto único, grande capacidade inovadora, pessoal motivado e todas as demais condições necessárias para o sucesso em seu negócio. Tomemos também uma pequena lavanderia de bairro, bem localizada, com serviço caprichado, preço baixo e rapidez no atendimento. O que ambas poderiam ter em comum? Quase nada, se pensarmos nos fatores críticos de sucesso para o negócio, na qualificação das pessoas, na estrutura organizacional e em diversos e incontáveis fatores, sem dúvida.

Ainda assim, podemos dizer que existem coisas que ambas, e qualquer outra empresa, não podem se dar ao luxo de não ter em seu portfólio de habilidades e competências. Será que alguma das duas empresas citadas conseguiria sobreviver muito tempo se não mantivesse uma relação pelo menos cordial com seus clientes? Salvo condições muito especiais, podemos dizer que não. O mesmo vale para qualquer organização. Uma ONG que não tiver um relacionamento no mínimo aceitável com seus colaboradores, mesmo que sejam voluntários, não deve durar muito, pois há inúmeras outras ONGs dispostas a aceitar o trabalho voluntário em troca de, pelo menos, algum nível satisfatório de relacionamento.

Este é apenas um exemplo, mas uma rápida avaliação pode nos levar a identificar algumas competências e habilidades fundamentais, no sentido de serem as básicas, as que qualquer organização deve ter. Antony Jay, ex-executivo da BBC, famoso por escrever um livro em que comparava os métodos gerenciais com a filosofia de Maquiavel, chamava de elementos as qualidades que toda organização deve ter.

> *The elements without which no corporation can survive: the means to defend itself against destruction from without, the means to preserve internal order, the means to ensure continuing health and vigor and skill, and the means of giving cohesion and unity despite geographical dispersal.* (Os elementos sem os quais nenhuma organização sobrevive: meios para defender-se das ameaças externas de destruição, meios para preservar a organização interna, meios para garantir a continuidade das operações saudáveis, vigorosas e precisas, e os meios de manter a coesão, não obstante a dispersão geográfica.) Jay, 1971, p. 283.

Como podemos perceber nas palavras de Jay, toda organização deve ser competente pelo menos para enfrentar as ameaças externas, manter a ordem interna, a coesão e a energia, entre outros. Ora, qualquer pessoa com bom senso há de concordar com isso. Uma vez dispondo desses "elementos", a organização pode se concentrar em elaborar uma estratégia, desenvolver as competências necessárias para a consecução de seus objetivos e buscar a vantagem competitiva que a diferenciará das concorrentes.

Se faltarem esses elementos, também faltará, pelo menos, tempo para que a liderança se concentre na estratégia e no que deve vir depois. Ela estará muito mais ocupada com os inúmeros "incêndios" que aparecerão e que precisarão ser apagados para que a organização continue funcionando no dia-a-dia e não sucumba.

Essa mesma idéia está presente nos requisitos do Prêmio Nacional da Qualidade (PNQ) da Fundação para o Prêmio Nacional da Qualidade (FPNQ)[7], que todos os anos elege e premia empresas brasileiras com base em critérios internacionalmente

[7] Para uma visão geral do que é o prêmio, sugerimos a visita ao site oficial da Fundação para o Prêmio Nacional da Qualidade (FPNQ), www.fpnq.org.br.

aceitos e consagrados e que são os mesmos usados por outros prêmios internacionais de excelência em gestão.

A FPNQ (2005, p. 13) usa a terminologia "fundamentos da excelência" para aquilo que chama de "conceitos que se traduzem em práticas encontradas em organizações de elevado desempenho, líderes de classe mundial", os quais são: visão sistêmica, aprendizado organizacional, agilidade, inovação, liderança e constância de propósitos, visão de futuro, foco no cliente e no mercado, responsabilidade social, gestão baseada em fatos, valorização das pessoas, abordagem por processos e orientação para resultados.

Já Womack e Jones (2005, p. 41) defendem que toda empresa deve ter o que chamam de princípios do consumo enxuto, os quais são: exigir o mínimo de tempo e energia do cliente, levar-lhe exatamente o que deseja quando e onde desejar – princípios dos quais ninguém que já foi cliente um dia poderá discordar.

Arie de Geus (1999), em um clássico da literatura de administração intitulado *A empresa viva*, identificou o que denominou quatro fatores principais de longevidade das empresas: sensibilidade ao ambiente, senso de coesão e identidade, descentralização e conservadorismo financeiro.

Não vamos nos estender demasiadamente nesse tópico, pois o ponto mais importante foi encontrado, ou seja, a literatura, baseada em pesquisas e estudos sérios, concluiu que existem certas competências (ou "elementos", "fundamentos", "princípios" ou ainda "fatores de longevidade" – não importa o nome) fundamentais para todo o tipo de organização que busca a sobrevivência e o sucesso.

Poderíamos sintetizar todos esses estudos, e quem sabe até os vindouros, dizendo que toda organização precisa ter a competência fundamental ou básica de criar e manter relacionamentos com todas as partes interessadas. Ora, um relacionamento implica compreensão, confiança, entendimento, interdependência, aceitação, satisfação mútua de necessidades, enfim, uma ligação profunda. Se a organização for competente em fazer isso com seus clientes, fornecedores, força de trabalho, proprietários e sociedade, estará com certeza respeitando elementos, fundamentos e princípios citados pelos autores mencionados e terá a base sólida para construir uma vantagem competitiva por meio das competências específicas de seu negócio (ou diferenciadas).

Voltemos ao nosso exemplo da empresa de logística. Se não tiver a competência básica de se relacionar com seus clientes, de pouco adiantará a competência que a diferencia das demais – ou seja, ter um sistema logístico ágil –, pois o mau relacionamento com os clientes a impedirá de transformar isso em vantagem competitiva. Aliás, se não for pelo menos razoável no tocante às competências básicas, dificilmente a empresa terá tempo e recursos para despender na construção das competências específicas de seu negócio e, muito menos, na sustentação de uma vantagem. O esquema da figura a seguir pode ser mais esclarecedor.

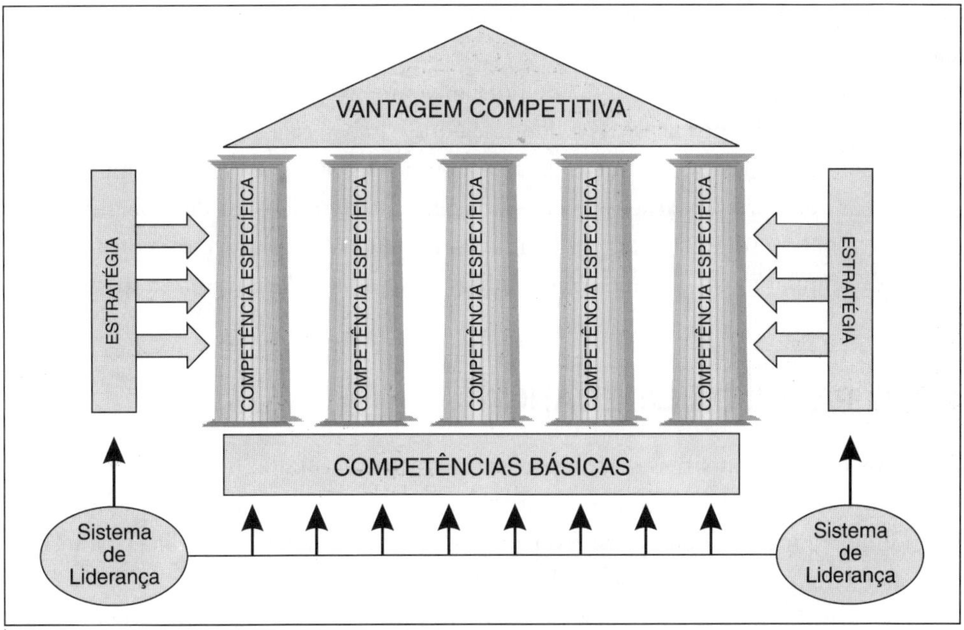

Figura 2.3 Vantagem competitiva sustentada por competências e pelo sistema de liderança.

O esquema deixa claro que o alicerce que sustenta a organização são as competências básicas, que podem ter os mais diversos nomes, como vimos; porém, de modo simples, são as providências que todas as empresas devem tomar, antes de pensar em se diferenciar. São coisas que já viraram, digamos assim, *commodities* na economia de serviços. Sobre essas competências básicas e alinhadas com a estratégia, a empresa vai desenvolver suas competências específicas, aquelas que a tornam diferente das demais e que permitirão sustentar uma vantagem competitiva, ou seja, sua maneira única, sua forma particular de oferecer produtos e serviços.

A chave da questão é que, para conseguir isso, ela precisará aprender, desenvolver conhecimentos, habilidades, atitudes, enfim, competências contingenciais que lhe assegurem a manutenção dos relacionamentos sempre em nível ótimo para as partes, pois assim terá a base para a construção da vantagem. Essa base, que são as competências que toda organização deve apresentar, permitirá à empresa concentrar-se nas competências específicas de seu negócio e que são os pilares que sustentam a vantagem competitiva.

Porém, não há uma receita; cada organização deve encontrar o próprio portfólio de competências, sem se esquecer de que ele tem de se basear em relacionamentos e confiança com as partes interessadas e que não se trata de um estado, antes, ao contrário, como vimos, de um fluxo permanente de transição de competências e de elevação de seus níveis.

Observemos que é o sistema de liderança que vai garantir todo esse processo, pois isso não ocorre por acaso. É a liderança que estabelece a cultura necessária para as competências básicas, define a estratégia que determinará quais competências específicas será preciso desenvolver e, por fim, mantém a força de trabalho motivada para não perder a vantagem conquistada, por meio da elevação contínua dos níveis de competência. Veremos em detalhes o papel da liderança na seção a seguir.

2.6 O PAPEL DA LIDERANÇA

Para que o fluxo transitivo de competências alcance o estágio de um processo contínuo de elevação do nível das competências, faz-se necessário que a liderança abandone o papel tradicional de fixar metas, definir medidas, estabelecer padrões e sair da frente para deixar o pessoal trabalhar.

Nesse modelo, a liderança precisa estar totalmente engajada no processo, incentivando, convencendo, persuadindo (como diria Greenleaf, 1998) e, até mesmo, em alguns momentos, obrigando as pessoas a sair de suas zonas de conforto, incluindo gerentes e supervisores.

A chave para criar e manter a vantagem competitiva são as competências individuais que, como vimos, ao serem capitalizadas pela organização, se transformam em competências corporativas. Cabe à liderança criar o ambiente propício para que isso ocorra, para jogar por terra a tendência comum de a organização ignorar ameaças de rivais e se contentar com bons desempenhos passados. O desafio é olhar além dos limites da gestão diária e adiantar-se à concorrência.

É a liderança, unicamente, que garante a continuidade e o crescimento do fluxo transitivo de competências, motor da formação de novos líderes voltados para o aprendizado, da transferência das capacidades pela empresa, da disseminação do conhecimento gerado e do estabelecimento de uma cultura voltada para o aprendizado contínuo, o crescimento das pessoas e o desenvolvimento das competências em todos os seus três níveis (individual, coletivo e corporativo), pois fica cada vez mais evidente que a liderança não é um processo afeito a indivíduos, mas um fenômeno que pertence à esfera das equipes.

Assim, cabe à liderança estimular e propiciar oportunidades para o aprimoramento das competências da força de trabalho. Esse tipo de comportamento também traz a vantagem de aumentar a lealdade dos funcionários (é claro que não existem funcionários totalmente leais, mas isso é outra discussão).

Dessa forma, a liderança tem o dever de descobrir em cada pessoa o melhor de suas competências e tirar o maior proveito possível delas, transformando o que é individual em coletivo e, finalmente, em corporativo. Aliás, se tivéssemos de localizar a essência da liderança, poderíamos dizer que isso reside na capacidade de capitalizar as competências de cada um que faz parte da organização.

O líder que consegue descobrir as motivações de uma pessoa e as usa para incentivar o funcionário poupa custos, ganha tempo e tem grande possibilidade de alcançar o sucesso pessoal e organizacional; a melhor maneira de fazer isso é ativar os pontos fortes de cada um, ao mesmo tempo que promove o aprendizado.

Ressaltamos, porém, que tudo isso tem de ser feito alinhado com a estratégia da empresa, pois, como vimos, as competências específicas são dependentes dos caminhos que a organização pretende seguir e das vantagens que almeja adquirir e explorar. Dessa forma, a liderança não vai se preocupar muito em mudar as pessoas, mas sim em incorporar as competências individuais na estratégia geral da organização e, por meio do desenvolvimento, gerar, entrar no ciclo contínuo do aprendizado organizacional e da elevação do nível das competências.

CONCLUSÕES

Transformar, mudar, modernizar uma empresa ou organização, ao contrário do que diz o senso comum, não implica necessariamente demitir pessoas, cortar custos, enxugar recursos, vender ativos, como apregoa o receituário mais simplório das escolas de *management*.

Grande diferença fará a liderança que se concentrar em trabalhar as competências das pessoas, alinhando-as à estratégia da organização. Muitas vezes, até são tomadas as decisões certas, porém, se o processo estiver errado, nenhum avanço será alcançado.

A transformação da cultura organizacional é um pré-requisito para o sucesso desse processo, e alguém no ápice da hierarquia precisa ter seu momento mágico, no qual entende que criar um fluxo transitivo de competências permanente não só é bom para os funcionários, mas crucial para os negócios.

Aos poucos, com o desenvolvimento, a criação e o aprimoramento das competências e de seus três níveis, as pessoas e a organização passam não só a aumentar suas capacidades, mas também a usar suas competências em prol das demais partes interessadas, pois atinge-se um grau de maturidade que permite ver o todo – o que Senge (1994) chama de pensamento sistêmico ou quinta disciplina. Isso traz a grande vantagem de reduzir os esforços de coordenação e controle, pois, se todos conseguem enxergar a organização como um sistema complexo composto por inúmeros subsistemas, aflora o autocontrole, liberando também as chefias para atividades de maior valor agregado.

O verdadeiro líder organizacional conhece e valoriza as competências de seu pessoal e descobre como integrá-las em um fluxo constante alinhado com a estratégia. Dessa forma, ele consegue transformar o talento individual em desempenho coletivo e em vantagem competitiva para sua empresa. O sucesso coletivo está em identificar e acionar as diferentes competências individuais (aprimorando-as, se necessário), no sentido de cada um se superar, levando a organização como um todo a apresentar não um desempenho superior, mas único.

Fica aqui o desafio de dedicar ao assunto a merecida atenção, pois o talento das pessoas existe, não há mais dúvidas quanto a isso, e pode ser desenvolvido. A grande tarefa da liderança é criar as circunstâncias que permitam às suas organizações tirar todo o proveito possível de sua força de trabalho, oferecendo-lhe em troca o crescimento pessoal por meio do desenvolvimento de suas competências individuais, pois só assim será possível criar e manter a vantagem competitiva neste admirável mundo novo que se descortina na abertura do novo século.

ESTUDO DE CASO – AS COMPETÊNCIAS DO GRUPO PÃO DE AÇÚCAR[8]

Todos conhecemos a famosa rede de supermercados do Pão de Açúcar, a marca mais ilustre da Companhia Brasileira de Distribuição, que possui também as bandeiras Extra, Sendas e Compre Bem. Abílio Diniz, controlador do grupo e uma verdadeira lenda no *business* nacional, é formado em administração de empresas pela Fundação Getúlio Vargas e começou trabalhando com o pai na doceira que deu origem à maior rede supermercadista do Brasil, atualmente com faturamento anual de R$ 15 bilhões, quase 70 mil empregados, e que movimenta, acreditem!, 22 mil toneladas de produtos por dia.

O lema de Diniz é "enquanto muitos sonham, nós acordamos cedo para consegui-lo", pois, segundo ele, o negócio de supermercados precisa de inspiração, porém a necessidade maior é de transpiração.

O empresário e seu grupo enfrentaram (e superaram) várias crises, que, pela expressividade do nome Diniz, são conhecidas por todos: problemas familiares, seqüestro (1989), estatização da empresa em Portugal, disputas de poder na família, Plano Collor, dentre outras.

---

[8] Todas as informações desse estudo de caso são de domínio público, uma vez que foram extraídas do site oficial da empresa (www.grupopaodeacucar.com.br) e das entrevistas concedidas por Abílio Diniz, controlador do grupo, e por sua filha Ana Diniz à HSM (ver Referências bibliográficas).

O Grupo Pão de Açúcar iniciou suas atividades em 7 de setembro de 1948, com a fundação da Doceira Pão de Açúcar, abrindo o primeiro supermercado em 1959, ao lado da doceira. Dez anos depois, já eram mais de 60 lojas em 17 cidades do estado de São Paulo.

Na década de 1970, o grupo trouxe para o Brasil um novo tipo de loja, os hipermercados. Conhecidos pela marca Jumbo, foram inaugurados em várias cidades do Brasil. Com os Jumbos, o Pão de Açúcar expandiu sua atuação para o exterior: Portugal, Angola e Espanha.

O processo de expansão do grupo prosseguiu na década de 1970, por meio da aquisição de várias redes de supermercados, no Ceará, no Pará, no Paraná, em Pernambuco, no Rio de Janeiro, em Santa Catarina e em São Paulo.

Ainda na década de 1970, o grupo partiu para a diversificação de suas atividades, passando a atuar em diferentes áreas: turismo, restaurantes, agropecuária, reflorestamento, pesca, avicultura, veículos e comércio exterior. Em 1978, o fundador dividiu a empresa com a família – nas palavras de Diniz, "em capitanias hereditárias" –, o que levou Abílio a se afastar da organização até 1989, ano em que seus irmãos se desligaram da empresa e o pai o chamou de volta, em meio à grave crise recrudescida em função do Plano Collor, que bloqueou a poupança de todos os brasileiros.

Na década de 1980, o grupo fechou o círculo do varejo com novos formatos de loja. Além dos Supermercados Pão de Açúcar, dos Hipermercados Jumbo e do Minibox – mercearias de desconto –, inaugurou o Superbox – loja depósito –, o Peg & Faça – loja de bricolagem –, e a Sandiz – loja de departamentos.

O ano de 1989 foi marcante para o grupo por duas razões (além do retorno de Abílio ao comando do grupo): a inauguração de uma nova geração de hipermercados com a marca Extra e o início de uma profunda reestruturação, com um novo posicionamento mercadológico que levou ao fechamento de lojas não-lucrativas e à venda das empresas coligadas.

Nos anos de 1990, o grupo procurou se aproximar dos consumidores ao criar o cargo de *ombudsman* e ao investir fortemente em seu aperfeiçoamento operacional. Retomou a expansão pela inauguração de novas lojas e a aquisição ou o arrendamento de lojas e redes. Com a abertura de seu capital, foi a primeira empresa brasileira de varejo a ser listada na Bolsa de Nova York. Ainda procurando seguir o caminho da internacionalização dos negócios, assinou contrato de investimento com a rede francesa Casino, que hoje detém cerca de 24% do capital votante do Pão de Açúcar.

A empresa encerrou o século XX como pioneira no comércio eletrônico, com o Pão de Açúcar Delivery, e com o primeiro supermercado educacional do mundo, o Pão de Açúcar Kids, inaugurado em 1998. Passou a ser conhecida também como uma empresa cidadã, participante da comunidade em que atua, na qual investe em programas sociais, culturais e esportivos, apoiada principalmente na imagem de esportista de seu fundador, Abílio Diniz, e do filho João Paulo.

Comportamento das Ações do Grupo Pão de Açúcar		
Período	**Último Preço**	**Volumes Financeiros**
2005 (fevereiro)	R$ 61,60	228.744.671
2004	R$ 68,70	833.960.282
2003	R$ 70,40	640.685.094
2002	R$ 54,50	445.444.151
2001	R$ 49,49	576.339.025
2000	R$ 71,30	626.194.452
1999	R$ 60,00	399.688.834

Fonte: http://www.cbd-ri.com.br/port/mercado_acoes/serie_historica.asp.

Em 2002, a família decidiu profissionalizar a administração do negócio e escolheu Augusto Cruz, funcionário da casa havia nove anos e ex-executivo das Tintas Coral, para ser presidente da empresa. Em dezembro de 2002, Ana Maria Diniz (que havia sido responsável pelas áreas de planejamento estratégico, recursos humanos e marketing do grupo) e João Paulo Diniz, filhos de Abílio Diniz, afastaram-se definitivamente do comando da empresa, que foi assumido, então, por Cruz, em 1º de março de 2003. A família continua participando do Conselho de Administração, do qual Abílio é o presidente.

Nesse início de século, o grupo vem atuando com o conceito de multiformato e administra quatro divisões: os supermercados Pão de Açúcar e Compre Bem Barateiro, os hipermercados Extra e as lojas de eletroeletrônicos Extra-Eletro, além do comércio eletrônico Pão de Açúcar Delivery e Extra.com, que permitem atender às necessidades específicas de diferentes tipos de consumidores. Em dezembro de 2003, o grupo contabilizava 497 lojas e 55.635 funcionários em 12 estados do Brasil (em 1990, eram mais de 500 lojas).

No século XXI, o grupo procura retomar e manter a estratégia de permanente inovação e renovação, marcada por vários eventos dignos de nota, conforme podemos verificar na tabela a seguir. Há um comitê de desenvolvimento e marketing, ligado ao Conselho de Administração, cuja função é fomentar o empreendedorismo no grupo, do qual faz parte Ana Diniz.

ANO	EVENTOS
1966	Abriu o primeiro supermercado em *shopping center*, no Iguatemi de São Paulo.
1969	Abriu sua Loja 04, na Avenida Brigadeiro Luiz Antonio, em São Paulo, a qual opera 24 horas por dia, 365 dias por ano.
1970	Foi a primeira empresa de varejo brasileira a abrir uma loja no exterior, em Lisboa (Portugal). Publicou e distribuiu gratuitamente, em suas lojas, a primeira revista-guia da cidade de São Paulo, o *Bondinho*.
1971	Inaugurou, em Santo André, São Paulo, o Jumbo, primeiro hipermercado do Brasil que vendia "de alface a helicóptero". Lançou o primeiro produto com marca própria, biodegradável, o detergente em pó Alv.
1977	Pela primeira vez, o Brasil recebeu o Prêmio Clio de Nova York, concedido à embalagem do palmito Pap's, um produto com marca própria.
1983	Inaugurou, em São Paulo, a loja Peg & Faça, pioneira do conceito "Faça você mesmo".
1993	Foi a primeira rede de varejo a criar o cargo de *ombudsman*, para representar os interesses do consumidor.
1995	Com a colocação de ações no Brasil, na Europa e nos Estados Unidos, foi a primeira empresa de supermercados do país a abrir seu capital. Ao criar o Pão de Açúcar Delivery, foi o primeiro supermercado a usar o CD-ROM e a Internet comercialmente.
1997	Primeira empresa de varejo do Brasil a negociar ações na New York Stock Exchange, a Bolsa de Valores de Nova York. Recebeu o Prêmio Inovação por ser a primeira empresa de varejo brasileira a utilizar o sistema de terminais portáteis interligados por radiofreqüência na automação do depósito. A loja Extra João Dias, de São Paulo, é o primeiro hipermercado a funcionar 24 horas no Brasil.
1998	Inaugurou, em São Paulo, o Pão de Açúcar Kids, o primeiro supermercado educacional do mundo.
1999	Inovou nas lojas Eletro ao introduzir o conceito interativo, no qual o consumidor pode conhecer e testar os produtos eletroeletrônicos, sempre ligados.
2000	Lançou o primeiro cartão de relacionamento do Brasil, o Pão de Açúcar Mais, e passou a oferecer lojas personalizadas a seus clientes. Criou a primeira marca própria no segmento de produtos *light* do mercado varejista latino-americano, a linha Goodlight. Iniciou a formação de atendentes de vinho. Com aprendizado prático e teórico, são capacitados para oferecer e orientar o que de melhor existe no mundo dos vinhos. Criou o cargo de *ombudsman* do fornecedor, abrindo um canal de comunicação com seus mais de dez mil fornecedores de mercadorias, suprimentos e serviços.

Fonte: http://www.cbd-ri.com.br/port/mercado_acoes/serie_historica.asp.

Hoje, o grupo, que sempre foi uma empresa de administração marcadamente familiar, continua sua jornada em busca da profissionalização para fazer frente aos desafios da nova economia e do fim do estado-nação.

A empresa investe no desenvolvimento de suas competências para enfrentar seus maiores concorrentes que, ao contrário do que muita gente pensa, não são o Carrefour e o Wal-Mart, poderosas redes internacionais. Segundo Ana Diniz, os maiores concorrentes são os mercadinhos que muitas vezes nem nome têm, não pagam impostos, não registram funcionários e, por isso, apresentam um custo de operação muito mais baixo que o do Pão de Açúcar e o das grandes redes. Esses estabelecimentos respondem por 50% do setor.

Outro desafio complicadíssimo, ainda segundo a avaliação de Ana, é fazer um planejamento estratégico no varejo, uma vez que o motor do crescimento no setor é o número de lojas, por causa do dinamismo do próprio setor varejista.

Diante de todos esses desafios, assim se pronunciaram Abílio Diniz, presidente do Conselho de Administração, e Augusto Marques da Cruz Filho, diretor-presidente do grupo, na mensagem da administração que consta no Relatório Anual 2003[9] do grupo.

GRUPO PÃO DE AÇÚCAR – RELATÓRIO ANUAL 2003

Em 2004, continuaremos nossa busca incessante por produtividade e ganhos de escala, o que certamente aumentará nossa competitividade no varejo brasileiro e nos possibilitará cumprir nossa *missão de garantir a melhor experiência de compras para todos os nossos clientes em cada uma de nossas lojas.*

Outra ação importante realizada em 2003, que confirma o potencial da CBD, foi a associação com a rede carioca Sendas, em linha com um de nossos objetivos – de crescimento em regiões em que já operamos. Assim, passaremos a atuar no estado do Rio de Janeiro por meio de uma nova empresa com 106 lojas e faturamento anual da ordem de R$ 3,5 bilhões. Responsável pela administração dessa companhia, a CBD se beneficiará pela possibilidade de diluição de custos e pelo fortalecimento de sua presença em um mercado tão importante como o do Rio de Janeiro.

Esses resultados e conquistas têm mais relevância se levarmos em conta que 2003 foi o ano de implementação das mudanças em nosso modelo de administração, que respeita as mais sólidas práticas de governança corporativa. Atenta às dificuldades enfrentadas no ano, a transição dos negócios ocorreu com tranqüilidade; temos, hoje, uma diretoria executiva consolidada e integrada na busca pelos objetivos da companhia. Nessa nova estrutura, o Conselho de Administração e os recém-criados Comitês de Finanças, Desenvolvimento e Marketing e Auditoria também tiveram papel ativo, contribuindo para a melhoria da *performance* global da CBD.

---

[9] *Fonte:* http://www.cbd-ri.com.br/RAO/2003/port/popup/download/ra/Mensagem_Administracao.pdf.

Percebemos, então, que, ao darmos o primeiro passo, teríamos de seguir adiante. Por isso, em 2003, fizemos uma auto-avaliação que culminou com a definição das diretrizes que nortearão a empresa nos próximos anos. Redefinimos nossa missão e visão que, sustentadas por nossos princípios e valores, passam a representar a evolução de tudo o que somos e queremos ser para nossos clientes, acionistas e público em geral.

Aliado a isso, desenvolvemos um planejamento estratégico, com metas de crescimento para a CBD nos próximos quatro anos, as quais nos permitirão desenvolver os atributos de valor de cada bandeira, reforçando suas vantagens competitivas. Queremos introduzir no dia-a-dia de nossos colaboradores uma cultura de planejamento de longo prazo, pouco comum no mercado de varejo, em que domina o imediatismo.

Temos consciência do desafio, mas acreditamos que o sucesso de um planejamento integrado é reforçado pelo trabalho em equipe, que estimula a troca de idéias e traz inovações. Por isso, confiamos no potencial de nossos colaboradores e investimos em seu aperfeiçoamento profissional e humano.

Além do compromisso com a nossa gente, também procuramos colaborar com o desenvolvimento social, auxiliando na construção de uma sociedade mais justa e sustentável. Esse compromisso pode ser traduzido pela qualidade ética das relações que mantemos com nossos diferentes públicos e pela adoção de ações em seis grandes âmbitos: práticas de varejo responsável, apoio a políticas públicas, incentivo ao esporte e à cultura, atenção com o meio ambiente e desenvolvimento humano e social.

A Administração

Abílio Diniz
presidente do Conselho de Administração

Augusto Marques da Cruz Filho
diretor-presidente

Após todos esses dados, informações e depoimentos, é possível fazer uma boa análise sobre o Grupo Pão de Açúcar. Porém, para permitir uma maior consistência crítica, vamos conhecer ainda os resultados dos principais indicadores operacionais do grupo.

Série Histórica de Indicadores Operacionais da Companhia Brasileira de Distribuição

(em milhares de R$)	2004	2003	2002	2001	2000	1999
Pão de Açúcar						
Vendas Brutas (R$)	4.044.230	4.060.072				
Vendas Líquidas (R$)	3.315.270	3.435.507	2.800.386	2.643.909	2.446.025	2.057.923
Número de Lojas	196	208	188	176	186	146
Área de Vendas (m^2)	261.262	273.016	239.762	219.559	228.873	174.183

(continua)

(em milhares de R$)	2004	2003	2002	2001	2000	1999
Compre Bem						
Vendas Brutas (R$)	2.425.891	2.233.189				
Vendas Líquidas (R$)	2.015.299	1.921.276	1.526.778	1.106.561	1.042.797	680.514
Número de Lojas	165	172	148	150	111	83
Área de Vendas (m^2)	197.111	211.517	177.540	178.074	130.312	99.391
Extra						
Vendas Brutas (R$)	7.354.078	6.173.984				
Vendas Líquidas (R$)	5.996.200	5.194.998	4.422.481	3.925.693	3.736.367	2.753.887
Número de Lojas	72	62	60	55	53	46
Área de Vendas (m^2)	537.319	462.195	456.569	427.418	415.142	350.794
Extra-Eletro						
Vendas Brutas (R$)	317.751	321.119				
Vendas Líquidas (R$)	240.120	254.558	326.883	378.690	404.776	310.885
Número de Lojas	55	55	54	62	66	74
Área de Vendas (m^2)	35.892	35.973	36.709	41.229	40.964	38.869
Sendas						
Vendas Brutas (R$)	1.155.496					
Vendas Líquidas (R$)	998.128					
Número de Lojas	63					
Área de Vendas (m^2)	113.165					
CBD						
Vendas Brutas (R$)	15.297.446	12.788.364				
Vendas Líquidas – (Consolidado) (R$) (1)	12.565.017	10.806.339	9.454.669	8.054.853	7.629.965	5.830.258
Evolução Mesmas Lojas (%)	5,1	6,3	4,0	(2,6)	5,5	4,5
Número de Lojas	551	497	500	443	416	349
Área de Vendas (m^2)	1.144.749	982.701	979.723	866.280	815.291	663.237
Número de Funcionários		55.557	57.898	52.060	50.106	39.642
Número de Transações (em milhares)	517.401	439.108	405.375	353.849	332.232	256.349

Fonte: http://www.cbd-ri.com.br/port/indicadores/dados_operacionais.asp.

QUESTÕES PARA REFLEXÃO

1. Analise como foi o processo de desenvolvimento das competências do Grupo Pão de Açúcar ao longo de sua história.
2. Quais são as competências básicas do grupo que o caso permite identificar? E as competências específicas?
3. Utilize o modelo da Tabela 2.4 para "decompor" a estratégia do grupo em conhecimentos, habilidades e atitudes e em competências micro, macro e organizacionais.
4. Utilizando o modelo da Figura 2.3, explicite a vantagem competitiva do grupo, as competências básicas e específicas e o modo como a liderança atua para agregar todos esses elementos.
5. Com dados e informações do caso, em sua opinião, o grupo está no caminho certo? Que competências precisará, porventura, desenvolver?
6. Utilize o modelo do fluxo transitivo de competências (Figura 2.1) e mostre como uma determinada competência individual, que o caso permita identificar, transformou-se em competência corporativa.
7. Utilizando o modelo da Figura 2.2, demonstre a evolução das competências do grupo.
8. Relacione os principais ativos intangíveis do grupo e elabore uma classificação para eles. Em sua opinião, esses ativos estão sendo "capitalizados" pela liderança?
9. Você diria que os indicadores operacionais utilizados pelo grupo podem, mesmo que indiretamente, mensurar seus ativos intangíveis? De que forma?
10. Imagine que você foi contratado para auxiliar na elaboração do planejamento estratégico do grupo para o próximo período 2008-2012. Considerando a visão da alta direção (Abílio, Cruz e Ana) e a missão da empresa em face do que discutimos neste capítulo, quais seriam suas recomendações? Justifique.

REFERÊNCIAS BIBLIOGRÁFICAS

BARROS NETO, J. P. de. *Liderança & competências organizacionais.* Estudos em liderança. São Paulo: Universidade de Santo Amaro – Unisa, v. 8, n. 1, jul./dez. 2005.

CHESBROUGH, H. W. Rumo a uma nova ciência de serviços. *Harvard Business Review América Latina.* Santiago/Chile, v. 83, n. 2, p. 26-27, fev. 2005.

DESSLER, G. *Management*: leading people and organizations in the 21st century. New Jersey: Prentice Hall, 1998.

DRUCKER, P. *Sociedade pós-capitalista.* São Paulo: Pioneira; Publifolha, 1999.

DUTRA, J. S. (org.). *Gestão por competências*: um modelo avançado para o gerenciamento de pessoas. São Paulo: Gente, 2001.

FLEURY, A.; FLEURY, M. T. L. *Estratégias empresariais e formação de competências*: um quebra-cabeças caleidoscópico da indústria brasileira. São Paulo: Atlas, 2001.

FPNQ. *Critérios de excelência*: o estado da arte da gestão para a excelência do desempenho e o aumento da competitividade. São Paulo: Fundação para o Prêmio Nacional da Qualidade, 2005.

GEUS, A. de. *A empresa viva.* São Paulo: Campus; Publifolha, 1999.

GREENLEAF, R. K. *The power of servant leadership.* São Francisco: Berret-Koehler Publishers, Inc., 1998.

HSM. A reconstrução de uma empresária: entrevista com Ana Maria Diniz. *HSM Management*, São Paulo, v. 4, n. 45, ano 8, p. 10-16, jul./ago. 2004.

__________. Orgulho de ser empresário: entrevista com Abílio Diniz. *HSM Management*, São Paulo, v. 1, n. 48, ano 9, p. 8-11, jan./fev. 2005.

JAY, A. *Corporation man* – who he is, what he does, why his ancient tribal impulses dominate the life of modern corporation. Nova York: Random House, 1971.

KAPLAN, R. S.; NORTON, D. P. *Mapas estratégicos*: convertendo ativos intangíveis em resultados tangíveis. Rio de Janeiro: Campus, 2004.

MARTINS, P. G.; LAUGENI, F. P. *Administração da produção.* São Paulo: Saraiva, 2005.

OHMAE, K. *O fim do estado-nação.* São Paulo: Pioneira; Publifolha, 1999.

RUAS, R.; ANTONELLO, C. S.; BOFF, L. H. *Os novos horizontes de gestão*: aprendizagem organizacional e competências. Porto Alegre: Artmed, 2004.

SENGE, P. *A quinta disciplina*: arte, teoria e prática da organização de aprendizagem. São Paulo: Best Seller, 1994.

STEWART, T. A. *La nueva riqueza de las organizaciones*: el capital intelectual. Buenos Aires: Granica, 1998.

WOMACK J. P.; JONES, D. T. Consumo enxuto. *Harvard Business Review América Latina.* Santiago/Chile, v. 83, n. 2, p. 41-50, fev. 2005.

Endereços eletrônicos

http://www.cbd-ri.com.br/port/indicadores/dados_operacionais.asp.

http://www.cbd-ri.com.br/port/mercado_acoes/serie_historica.asp.

http://www.cbd-ri.com.br/RAO/2003/port/popup/download/ra/Mensagem_Administracao.pdf.

http://www.grupopaodeacucar.com.br/v2/memoria/default_memo_historico.asp?st_menu=1.

http://www.jetblue.com.

3

O Ser e o Desprender Humano

Teresinha Covas Lisboa

Quando alguém tem força para vencer a si mesmo,
nasceu para grandes empreendimentos.

Henri Lacordaire

OBJETIVOS DO CAPÍTULO

- Compreender como está o empreendedor na atualidade, buscando novas propostas de negócios.
- Entender o ambiente de negócios, os perfis de liderança estratégica, o processo de inovação e o estado da arte do empreendedor.
- Verificar, pelo contexto exposto, o que é o ser e o desprender humano.

RESUMO

Este capítulo apresenta um estudo sobre o estado da arte do empreendedor pela ótica do *ser* e do *desprender* humanos, demonstrando como o empreendedor se comporta diante de oportunidades e riscos oferecidos pelo mercado. Em um mundo suscetível a constantes mudanças, a liderança estratégica do empreendedor deve ser demonstrada por um comportamento mais flexível e amadurecido, pois as inúmeras dificuldades encontradas no ambiente interno e externo da empresa obriga-o a adaptar-se aos novos modelos de gestão. A análise apresenta uma descrição da liderança estratégica do empreendedor – *o ser* –, mostrando a aplicação dos objetivos traçados em sua trajetória, de forma racional e emocional. O outro lado – *o desprender* – é a contemplação do lado humanista e emocional do ser humano, do indivíduo participante de um mundo de negócios.

INTRODUÇÃO

A figura do empreendedor é histórica; Jean-Baptiste Say assim o demonstra, em 1800, pela palavra *entrepreneur*, que significava "(...) o indivíduo que transfere recursos econômicos de um setor de produtividade mais baixa para um setor de produtividade mais elevada e de maior rendimento" (Ferreira, Reis e Pereira, 1997, p. 181). Para Schumpeter, o empreendedor simbolizava a destruição criativa, pois seu comportamento significava o impacto e a mudança da economia.

A visão de Drucker (1998) é direcionada às mudanças, e o empreendedor está sempre em busca de novas oportunidades. É o indivíduo inovador, transformador e criativo. Segundo o autor, a nova ordem é a sociedade do conhecimento, baseada na mudança das condições humanas.

Hoje, podemos dizer que o empreendedor é aquele indivíduo que, com seu conhecimento, objetiva combinar os recursos físicos e humanos, para produzir bens ou prestar serviços a uma determinada comunidade com ou sem fins lucrativos. É o sentimento de expansão econômico-social, de crescimento e da geração de empregos. Para Dornelas (2005, p. 21):

> Os empreendedores são pessoas diferenciadas, que possuem motivação singular, apaixonadas pelo que fazem, não se contentam em ser mais um na multidão, querem ser reconhecidas e admiradas, referenciadas e imitadas, querem deixar um legado.

No sentido atual, o estado da arte do empreendedor é o daquele que inova, que tenta introduzir novos produtos, serviços, técnicas de produção e visa desenhar novas arquiteturas de organização. É a pessoa que assume riscos, que é flexível às mudanças, geradora de inovações, e que põe em prática sua criatividade diante dos desafios. Perante isso, temos o *ser* e o *desprender*, que é a capacidade de o empreendedor se libertar das resistências e do obsoletismo. Sua base de sustentação está fixada no conhecimento, científico ou não.

3.1 O NOVO AMBIENTE DE NEGÓCIOS E O EMPREENDEDOR

A expansão da globalização, os avanços científicos e tecnológicos e as novas oportunidades de mercado mudaram, sistematicamente, o ambiente de negócios. Foram gerados novos empregos com denominações variadas e, conseqüentemente, surgiram micro e pequenas empresas capazes de oferecer um número expressivo de serviços. Entre estes, podemos citar: serviços terceirizados de limpeza, segurança, manutenção, centrais de medicamentos, equipamentos hospitalares, assistências domiciliares e de telefonia. Esses são alguns dos serviços que revolucionaram o mercado da terceirização e que exigem atualização constante, embasada na tecnologia de equipamentos, mão-de-obra e rotinas de trabalho.

A figura do empreendedor, então, surge como aquele indivíduo que agiliza e compatibiliza o atendimento ao cliente de acordo com o perfil dele, ou seja, de uma forma personalizada. O cliente solicita o serviço, desenha o produto, repete a ação de compra e também avalia, rejeita ou aceita. Enfim, esse é o novo ambiente de negócios.

Nesse ambiente, vemos perfis diferenciados de clientes. É o caso da população mundial, que está envelhecendo, e de alguns serviços que surgem para promover o bem-estar e o conforto do idoso, de acordo com seu poder aquisitivo: *flats*, agências de turismo, academias, clubes, serviços bancários, confecções etc. Para os idosos cuja saúde necessita de retaguarda, o *home care* (atendimento domiciliar), o turismo de saúde, os serviços *delivery* de alimentação e de medicamentos são algumas das alternativas.

Para os executivos, os restaurantes optaram por comidas a quilo, *self-service*, redes *delivery*. A moradia passou a ser um diferencial, em que o indivíduo encontra uma série de vantagens que vem facilitar seu cotidiano: camareiras, cozinheiros, lavanderias, academias.

Em contrapartida, as populações de classes mais pobres também são beneficiadas com as mudanças, principalmente as de ordem econômica. O acesso a bens de consumo e de serviços, como ensino, saúde, alimentação, habitação etc., privilegia trabalhadores que, em épocas de crise, têm esse acesso retraído.

Outro fator inovador no ambiente de negócios é o das questões ambientais, que são voltadas para a preservação, com a parceria de clientes, no sentido de conscientizar empresários e a comunidade a cuidar do espaço ocupado por ambos. São as campanhas de minimização da geração de resíduos sólidos e líquidos pelas indústrias, a redução do desmatamento, da poluição de rios e mares, das queimadas oriundas de fazendas produtivas, do desperdício de alimentos e recursos da natureza etc.

Para termos uma idéia das questões do desperdício, o Brasil consome e elimina, em forma de lixo, grande parte do Produto Interno Bruto (PIB), segundo Viera (2004). Portanto, o novo empreendedor deve encabeçar campanhas de aproveitamento e reaproveitamento de alimentos e outros produtos recicláveis, como papel, papelão, vidros etc. Em função disso, novos empregos serão gerados.

Nas questões da ética e da responsabilidade social, o empreendedor tem procurado estabelecer protocolos que comprometam o cliente a melhorar o bem-estar da sociedade. São ações direcionadas para a alfabetização de adultos, a melhoria das condições de moradia, alimentação e saúde e, principalmente, o resgate da cidadania dos indivíduos pelo emprego, segurança da família e qualidade de vida. Essas práticas são iniciadas na empresa e direcionadas para seus funcionários, e, em seguida, para a comunidade. É o sentido da humanização no trabalho, do voluntariado, outra prática usada pelos empreendedores modernos como diferencial competitivo.

Nesse novo ambiente, vemos a exigência da capacitação e a conectividade com o mercado internacional, pois somente assim o empreendedor poderá aproveitar as oportunidades, controlar os riscos, explorar os pontos fortes, corrigir os pontos fracos e conhecer a vantagem competitiva. Assim, a visão estratégica precisa estar presente em todos os seus passos.

Para Carreteiro (2003), algumas características moldam a visão multidisciplinar da empresa e demonstram ao empreendedor critérios aplicáveis em seu planejamento.

Tendências: são aquelas afirmações que embasam as organizações e seu desenvolvimento futuro:

- velocidade e mudanças constantes da tecnologia;
- pesquisa e desenvolvimento;
- aprendizado constante;
- sobrevivência e adaptação às mudanças;
- recursos humanos como força motriz;
- vantagem competitiva pelas pessoas.

Reflexões: são aquelas afirmativas que desenham o futuro das organizações:

- pessoas, e não tecnologia;
- relacionamento interpessoal, em vez de conflitos, para obtenção do sucesso empresarial.

Dilemas: são as afirmativas que se referem às dúvidas, à inexistência de pensamentos mais concretos:

- mudanças tecnológicas ou gestão de pessoas?
- objetivos econômicos ou valores éticos e morais?
- questões psicológicas pelo fim do emprego serão suportáveis pelas pessoas?

Como se vê, essas características podem ser encontradas na realidade atual e mesmo no futuro, como se vê no Quadro 3.1:

Quadro 3.1 Comparativo

SENTIMENTOS ATUAIS	SENTIMENTOS FUTUROS
Solidão	Solidariedade
Dispersão	Integração
Isolamento	Reciprocidade
Abandono	União

Fonte: Carreteiro, 2003.

Pode parecer utópico, mas, em função das mudanças sociais, culturais e econômicas da humanidade, o empresário está preocupado com esse ponto de mutação, que é o equilíbrio entre as pessoas e as organizações. Os conflitos entre os sentimentos de hoje e os sentimentos futuros interagem com seu modelo de gestão. Isso já é visível, pois as parcerias e as fusões empresariais caracterizam um sentimento de união econômica que, conseqüentemente, atinge pessoas e comunidades. É a preocupação em pensar estrategicamente no futuro.

3.2 O EMPREENDEDOR E O ESTADO DA ARTE

Ao analisarmos a palavra "empreendedor", parece-nos que se refere à figura de um indivíduo à frente de um pequeno negócio. Porém, entendemos que, hoje, a micro, a pequena, a média e até a grande empresa dependem, exclusivamente, desse indivíduo. Lastres, Cassiolato e Maciel (2003, p. 348) apontam para o aspecto do "tamanho", que apresenta ao gestor fronteiras naturais bem-definidas (micro, pequena e média). A diferença dos três primeiros modelos para a grande empresa é que esta possui maior capital, maior produção e emprega mais pessoas. O aspecto do capital, segundo esses autores, "(...) é a construção contábil socialmente compactuada que atua no sentido de controlar, isto é, trazer estabilidade e facilitar o constante ordenar (...)" (p. 349).

Portanto, queremos demonstrar que o tamanho e o capital, apesar de altamente relevantes, necessitam exclusivamente da liderança. Não importa o seu tamanho.

O empreendedor tem como característica assumir não só os riscos pessoais, como também os dos investidores e de todos os envolvidos em seu empreendimento.

E por que surgem os empreendedores? Porque eles iniciam seus negócios pelo desafio, pela liberdade, pelo lucro visionário e pela realização pessoal. Para Bateman e Snell (1998, p. 209):

> As pessoas que iniciam um negócio próprio estão buscando uma qualidade de vida melhor do que poderiam ter em uma grande empresa. Buscam independência e uma sensação de tomar parte na ação. Sentem-se tremendamente satisfeitas em construir algo do nada, ver isso alcançar sucesso e observar o mercado adotar suas idéias e seus produtos.

As oportunidades de negócio são reconhecidas de várias formas: tecnologia, modificações demográficas, mudança de hábitos das pessoas, novas regras econômicas, outras gerações, calamidades. Enfim, o empreendedor pode iniciar seu negócio em qualquer lugar, hora e circunstância. Sua participação, quando eficiente, colabora com o crescimento e o ajuste econômico do país. O profissional liberal é um exemplo típico, pois seus serviços podem ser oferecidos a uma clientela específica a qualquer momento. É o caso de dentistas, médicos, advogados, arquitetos, fisioterapeutas e veterinários, entre tantos. E quais são suas características?

Realização:

- estar sempre em busca de oportunidades e novos negócios;
- avaliar, calcular e reduzir riscos;
- controlar os resultados;
- exigir qualidade de seus colaboradores e fornecedores;
- ter paciência e persistência;
- ter comprometimento;
- atualizar-se e buscar o conhecimento na área de atuação.

Planejamento:

- buscar informações sobre a produção de bens e a prestação de serviços em termos globais (mercado interno e externo);
- estabelecer metas e objetivos a curto, médio e longo prazos;
- rever os planos de ação;

Poder:

- manter relações de mercado, agindo estrategicamente;
- possuir autoconfiança;
- ser autônomo.

Como podemos considerar o estado da arte e a figura do empreendedor? O estado da arte, segundo Almeida (2003, p.11),

> É um tipo de estudo que busca a compreensão do conhecimento acumulado a respeito de determinado tema, num intervalo de tempo delimitado. Esse estado de conhecimento é necessário para inventariar produções mediante um ordenamento periódico do conjunto de informações e resultados já obtidos.

Os estudos sobre a situação atual (estado da arte) dos empreendedores estão amparados nas bibliografias de estudiosos do assunto, bem como em depoimentos e biografias dos próprios empreendedores. Atualmente, no Brasil, temos estudos sobre as Indústrias Matarazzo, Magazine Luiza, Casas Bahia, Grupo Pão de Açúcar, Indústrias Votorantim etc.

Por sua posição como profissional, pelo espaço que ocupa no mercado em que atua, pelo comportamento como liderança humanizada e participativa, consideramos o empreendedor como um indivíduo em constante crescimento. E, principalmente, pelo uso do conhecimento, em que o capital humano é mais importante que o capital tradicional. É a ênfase na gestão do conhecimento, baseada na crescente velocidade da informação.

Como será o empreendedor no futuro? Continuará no conhecimento, buscando analisar as pessoas pela competência, pelo desenvolvimento intelectual, e enfatizando ainda mais a gestão do conhecimento, pois a pesquisa em tecnologia e inovação é infinita.

3.3 A INOVAÇÃO COMO DIFERENCIAL DO EMPREENDEDOR

A inovação é uma função específica do empreendedor, porque é por meio dela que são criados os recursos produtivos. Envolve oportunidades e riscos, pois a criatividade pode gerar altos investimentos e/ou oportunidades não aproveitadas. Para Ferreira, Reis e Pereira (1997, p. 182):

> A inovação é o ato que contempla os recursos com a nova capacidade de criar riqueza, de fato podendo até criar um recurso na medida em que dote de valor econômico alguma coisa da natureza não utilizada anteriormente para esse fim.

A inovação é uma manifestação de desafio para o empreendedor, porque a rapidez com que a economia e a geração de novos produtos e serviços acontecem apresenta-se ora como desafios, ora como vantagem competitiva para a empresa. A inovação é uma forma de a empresa tornar-se competitiva, em que as rotinas são revistas, tornando-se mais ágeis. A própria história da administração é um rito de inovações, sejam tecnológicas, sejam humanas e sociais. A inovação pode surgir na forma de produtos, estratégias de atingir clientes e mercados, técnicas inovadoras de vendas e manutenção pós-vendas, aumento da qualidade, métodos de minimizar o impacto ambiental, novos desenhos organizacionais, novas participações de funcionários e fornecedores na empresa etc.

As empresas que são inflexíveis às mudanças, que não inovam, têm problemas de manutenção no mercado, uma vez que pode haver rejeição por parte do empreendedor para acompanhar as novas tendências. Pinchot (2004, p. 25) diz que "(...) a inovação exige o trabalho conjunto para romper barreiras organizacionais". Empresas que possuem cultura e estrutura organizacional resistentes acabam por ter insucessos e não aceitar processos inovadores e muito menos reconhecer a capacidade de seus colaboradores.

As lideranças que estão entrando em novos e pequenos negócios tendem a usar mais sua criatividade para administrar. Podemos exemplificar pelos pequenos empreendedores, que prestam serviços de informática e usam como técnica de divulgação do trabalho o envio de *e-mails* a clientes, visitas às empresas para apresentar seu produto pessoalmente, lojas de conveniência que fazem promoções rápidas, profissionais liberais que oferecem a prestação de serviços com preços baixos e parcelados (dentistas, esteticistas, cabeleireiros). Para Pinchot (2004), as principais funções da inovação são:

- pessoas com idéias;
- formadores de ambiente;
- patrocinadores;
- equipe intra-empreendedora;
- intra-empreendedores.

Para Drucker (2001), a inovação é o resultado de uma administração empreendedora, que tem como diretrizes a receptividade à inovação, a mensuração de desempenho e práticas coerentes com seus funcionários (remuneração, incentivos e recompensas).

As atividades inovadoras são a invenção, que é a capacidade de criação e desenvolvimento de um novo produto, serviço, processo, e a imitação, cuja implantação é feita a partir da adoção de outra organização similar. Essa atividade é um pouco perigosa, pois os produtos imitados podem ser oferecidos com preços mais baixos, matéria-prima de baixa qualidade e sem garantia. É o que ocorre com brinquedos, roupas, CDs e até alimentos.

A inovação depende do perfil de comando. O maior desafio para o empreendedor é a transformação das novas idéias em rentabilidade, o que significa transformar os colaboradores em pequenos empreendedores. Para tanto, as idéias são delineadas pela liderança visionária do empreendedor. Sua postura depende dos seguintes critérios, segundo Chiavenato e Matos (2002):

a) delegar responsabilidades e estabelecer metas de cumprimento;
b) focalizar os processos, não as tarefas;
c) elaborar formas de orientar, informar e proceder a retroalimentação;
d) oferecer treinamentos e incentivar novas habilidades;
e) estabelecer prioridades;
f) definir metas e objetivos;
g) provocar a criatividade e a inovação;
h) reconhecer e recompensar o desempenho dos colaboradores.

3.4 O EMPREENDEDOR E A LIDERANÇA ESTRATÉGICA

Segundo França (2006, p. 55):

> A liderança é um processo social em que se estabelecem relações de influência entre pessoas. O núcleo desse processo de interação humana é composto pelo líder ou líderes, seus liderados, um fato e um momento social.

Para o empreendedor, o processo de liderar é um ato natural e envolve a capacidade de influenciar por meio de cinco princípios: poder, conhecimento, interação, situação e expectativa. É por esses princípios que o empreendedor antevê, ou seja, planeja estrategicamente seus passos na empresa.

Dubrin (2003, p. 264) define liderança como "(...) a habilidade de inspirar confiança e apoio entre as pessoas de cuja competência e compromisso depende o desempenho". Para o empreendedor, a liderança estratégica é aquela que se refere tanto à análise do ambiente externo quanto à do ambiente interno da empresa, buscando atingir objetivos preestabelecidos.

A liderança estratégica é caracterizada pela capacidade de o empreendedor administrar por meio dos outros, administrar uma organização inteira e não uma subunidade funcional, segundo Chiavenato e Sapiro (2003, p. 335). Atualmente, a liderança estratégica é a competência básica para o desenvolvimento de qualquer organização.

O planejamento estratégico da empresa depende do desempenho da liderança, porque é determinado pela direção, pelas competências desenvolvidas, pelas pessoas (funcionários), pela cultura, pelas práticas éticas e pelos controles. Como isso é operacionalizado? Pela direção e pela forma de liderança.

A direção é a materialização da visão empresarial, habitualmente projetada em uma visão de longo prazo, ou seja, de cinco a dez anos. Por essa direção, o empreendedor exerce a comunicação, a motivação, a liderança e o comprometimento com seus colaboradores. São as funções básicas, oriundas de estudos científicos apresentados no desenrolar da ciência administrativa.

O desenvolvimento das competências essenciais é a forma de implementar as estratégias, a partir das pressões dos riscos externos. Por exemplo: as pressões econômicas, as mudanças de hábitos sociais, a implantação de uma nova legislação. Isso afeta negócios e pessoas, pois envolve negociações e decisões.

O desenvolvimento oriundo das pessoas é a visão macro da organização, uma vez que representa a força de trabalho e a principal vantagem competitiva. Pela força do capital humano, conhecemos antigos e novos talentos e também aqueles que, nos momentos de mudanças ou crises, constituem os verdadeiros parceiros do empreendedor. Ele é o agente de criação da cultura organizacional.

A cultura organizacional é uma conseqüência do capital humano, pois o conjunto de valores, símbolos e ideologias compõe o grupo que irá atuar nas diversas unidades da empresa. Caberá ao empreendedor a tarefa de exercer sua liderança estratégica para que essa cultura não seja ortodoxa e inflexível. O mundo externo é mutável, e as pessoas acompanham esse ritmo.

As práticas éticas são os códigos de conduta da organização, encabeçados pelo empreendedor. Chiavenato e Sapiro (2003, p. 337-338) estabelecem que a liderança estratégica deve:

- criar e desenvolver um código de conduta para a empresa;
- rever e atualizar sempre esse código;

- comprometer as pessoas com o código de conduta;
- praticar a auditoria interna;
- criar sistemas de desempenho entre as pessoas;
- proporcionar um ambiente de trabalho saudável.

Assim, vê-se que a busca para o desenvolvimento da liderança estratégica está embasada nas questões do que representamos, do que temos e do que queremos com nossa organização. A isso se somam os recursos físicos, materiais, financeiros e humanos. A ordem é irrelevante, pois a sobrevivência dela dependerá da postura do empreendedor.

As oportunidades de negócios devem resultar da visão empreendedora da liderança. Listamos a seguir três categorias de oportunidades referentes à liderança estratégica e que devem estar presentes em qualquer negócio, de acordo com Carreteiro (2003):

- oportunidades adicionais, que exploram os recursos existentes (físicos, humanos, materiais, financeiros, tecnológicos etc.);
- oportunidades complementares, que podem ser identificadas como novas e conviver com as já existentes;
- oportunidades inovadoras, que modificam o ambiente empresarial e são suscetíveis a riscos.

Para que o empreendedor possa administrar um desses tipos de oportunidades, é importante que seu plano de negócios esteja bem-elaborado e que ele tenha uma visão ampla do mercado em que esteja inserido. Nessa ocasião o ser empreendedor identifica as oportunidades. O verdadeiro empreendedor é aquele que se torna competitivo, conhece o ambiente externo de sua organização e busca a interação desse ambiente com o interno.

Como são os novos perfis de liderança estratégica? Atualmente, o mercado é caracterizado pelas constantes mudanças nos ambientes externo e interno que modificam as expectativas, as tarefas e o desempenho dos gestores das organizações. Para França (2006), os novos perfis de liderança exigem que os indivíduos sejam dinâmicos e interativos.

Quadro 3.2 Novos perfis de liderança estratégica

VISÃO ANTIGA	VISÃO MODERNA
Controlador	Facilitador
Soluções em curto prazo	Visão estratégica
Controle dos subordinados	Comprometimento da equipe
Comportamento individual	Formação de times

Fonte: Adaptado de França, 2006.

O momento atual é coletivo, global e participativo. Esse é o estado da arte do empreendedor identificado como liderança estratégica. É o ser empreendedor. Porém, no momento em que se despe de sua condição de líder e observa o universo como indivíduo comum e particular, ocorre o desprender, o momento do autoconhecimento, da automotivação, do aprendizado emocional; nessa ocasião, ele capta as energias necessárias para dar continuidade às ações e práticas empreendedoras.

CONCLUSÕES

O capítulo apresentou um estudo sobre o ser e o desprender humano; para isso, foi realizada uma análise do novo ambiente de negócios e do empreendedor, no qual o processo de transformação social e a geração de pontos de trabalho têm provocado a criação de novos empregos. As tendências, as reflexões e os dilemas do empreendedor foram demonstrados como critérios muito particulares, apontando ao empreendedor como e por que realizar o planejamento dos negócios.

Em seguida, o estado da arte discutiu a situação atual do empreendedor e suas características, como, por exemplo, realização, planejamento e poder.

O item que enfocou a inovação como diferencial para o empreendedor teve a oportunidade de rever conceitos e comentários sobre as atividades inovadoras de negócios. Observou-se a importância das funções e das atividades inovadoras em negócios.

O empreendedor e a liderança estratégica demonstram-nos quanto é importante o estudo da liderança para a visão empresarial. O conceito de liderança estratégica é apresentado, juntamente com o perfil pelas óticas antiga e moderna.

O estudo, portanto, mostrou que o empreendedor possui dois momentos importantes em sua vida empresarial: o momento de ser empreendedor e o desprender. De um lado, o lado racional e, de outro, o irracional. Compete ao empresário buscar o ponto de equilíbrio para atingir seus resultados.

QUESTÕES PARA REFLEXÃO

1. Compartilhe com seu grupo a seguinte reflexão: "Os empreendedores estão em constante mudança, e a atualização do conhecimento é condição básica para o seu crescimento profissional".
2. Apresente a diferenciação entre administrador e empreendedor.
3. Identifique uma atividade que tenha à frente um empreendedor de sucesso. Discorra sobre o desenvolvimento desse empreendimento.

4. Como incrementar o desenvolvimento da liderança estratégica em pequenos negócios?
5. Qual é a importância da inovação para a criação de novos negócios? Comente.
6. Como você identifica os quesitos básicos do empreendedor do futuro?

REFERÊNCIAS BIBLIOGRÁFICAS

ALMEIDA, M. C. de. *As políticas públicas de avaliação*: análise da produção científica em periódicos nacionais (1995-2001). São Paulo, 2003. Dissertação (Mestrado em Educação) – Pontifícia Universidade Católica.

BATEMAN, T. S.; SNELL, S. *Administração*: construindo vantagem competitiva. São Paulo: Atlas, 1998.

BERGAMINI, C. W. *Liderança*: administração do sentido. São Paulo: Atlas, 1994.

CARRETEIRO, R. *O gestor de resultados*: como construir um perfil empreendedor. Rio de Janeiro: Impetus, 2003.

CHIAVENATO, I.; MATOS, F. G. de. *Visão e ação estratégica*. 2. ed. São Paulo: Prentice Hall, 2002.

CHIAVENATO, I.; SAPIRO, A. *Planejamento estratégico*: fundamentos e aplicações. Rio de Janeiro: Elsevier, 2003.

DORNELAS, J. C. A. *Empreendedorismo*: transformando idéias em negócios. 2. ed. Rio de Janeiro: Elsevier/Campus, 2005.

DRUCKER, P. F. *Administrando em tempos de grandes mudanças*. São Paulo: Pioneira, 1998.

__________. *Inovação e espírito empreendedor*: entrepreneurship. São Paulo: Pioneira Thomson Learning, 2001.

DUBRIN, A. J. *Fundamentos do comportamento organizacional*. São Paulo: Pioneira Thomson Learning, 2003.

FERREIRA, A. A; REIS, A. C. F.; PEREIRA, M. I. *Gestão empresarial*: de Taylor aos nossos dias. Evolução e tendências da moderna administração de empresas. São Paulo: Pioneira, 1997.

FRANÇA, A. C. L. *Comportamento organizacional*: conceitos e práticas. São Paulo: Saraiva, 2006.

HAMEL, G.; PRAHALAD, C. K. The core competence of the corporation. *Harvard Business Review Reprints*, p. 79-90, maio/junho, 1990.

KUAZAQUI, E.; LISBOA, T. C.; GAMBOA, M. *Gestão estratégica para a liderança em empresas de serviços privadas e públicas.* São Paulo: Nobel, 2005.

LASTRES, H. M. M.; CASSIOLATO, J. E.; MACIEL, M. L. (orgs.). *Pequena empresa*: cooperação e desenvolvimento local. Rio de Janeiro: Relume Dumará, UFRJ, Instituto de Economia, 2003.

MEIRELES, M.; PAIXÃO, M. R. *Teorias da administração*: clássicas e modernas. São Paulo: Futura, 2003.

OLIVEIRA, J. F. de MARINHO, R. M. (orgs.). *Liderança*: uma questão de competência. São Paulo: Saraiva, 2005.

PINCHOT, G. *Intra-empreendedorismo na prática*: um guia de inovação nos negócios. Rio de Janeiro: Elsevier, 2004.

VIERA, E. *Desperdício em hotelaria*: soluções para evitar. Caxias do Sul: Educs, 2004.

WAGNER III, J. A; HOLLENBECK, J. R. *Comportamento organizacional.* São Paulo: Saraiva, 2003.

WRIGHT, R.; KROLL, M.; PARNELL, J. *Administração estratégica*: conceitos. São Paulo: Atlas, 2000.

4

Empreendedorismo em Serviços

Vera Lúcia Saikovitch

OBJETIVOS DO CAPÍTULO

- Apresentar ao leitor as características do empreeendedorismo e do empreendedor.
- Identificar características e diferenças entre liderança e líder.
- Comparar líder e empreendedor, relacionando suas semelhanças e diferenças.
- Discutir a possibilidade do ensino de empreendedorismo e liderança.

INTRODUÇÃO

O empreendedor, ainda sem ter essa denominação, existe há séculos, se não há milênios – os primeiros comerciantes da Antigüidade, quando viajavam para comprar e vender mercadorias, já exerciam o empreendedorismo, uma vez que aproveitavam as oportunidades que se lhes apresentavam, com seus riscos (assaltos, roubos, morte) e potenciais lucros, bem como as fontes de recursos necessários para explorá-las, viajando por meses ou anos para completar um trajeto como a Rota da Seda, que ia da China à atual Europa Central. Mas o termo *empreendedor* na área internacional só surgiu no século XVIII com Cantillon, um comerciante de vinhos francês (Etemad, 2005).

O crescimento das comunicações, o surgimento da Internet e a aceleração da velocidade da globalização, juntamente com a automatização de uma série de atividades, tanto produtivas como de serviços, propiciaram a melhoria de vida para uma parcela da população mundial, a mais qualificada educacional e profissionalmente, mas diminuíram sensivelmente a oferta de empregos menos especializados, ampliando a informalidade; começa, então, o aumento da criação de novas empresas para superar o desemprego ou explorar um nicho ou segmento de mercado que ofereça ganhos a quem saiba atender a suas necessidades.

Em outros casos, indivíduos qualificados têm a idéia ou o sonho de um novo negócio, o que seus superiores, parentes e amigos consideram inviável. Mas eles acreditam em seu sonho e, buscando recursos onde se encontrem, o implementam e obtêm sucesso. Como exemplo dessa realidade está a Amazon Books, dos Estados Unidos, considerada a maior livraria virtual do mundo, hoje vendendo várias categorias de produtos, que começou em uma garagem, há pouco mais de dez anos, sem um livro em seu poder, com uma infra-estrutura precária e poucos recursos financeiros (Saikovitch, 2000).

No Brasil, redes de alimentação como Pão de Queijo ou Habib's, cujos donos partiram de um negócio pequeno, acreditando na oportunidade de prestação de serviços nessa área, continuam crescendo. O Habib's, que conta com 260 lojas no país, até tentou se internacionalizar, entrando no México, mas sem sucesso, e o Pão de Queijo foi adquirido por uma multinacional. Isso para não falar do Magazine Luiza, atualmente com centenas de pontos-de-venda de artigos para o lar, que começou como uma loja de armarinhos no interior de São Paulo e se expandiu pelo Sudeste e Sul do país, colocando-se entre as 150 melhores empresas para se trabalhar (Bottoni, 2005). O que os criadores e gestores dessas empresas têm, ou tiveram, que os outros empresários não têm?

Esse é o objeto de estudo deste capítulo, mesmo com limitações. O empreendedorismo tornou-se tema de pesquisas acadêmicas e disciplina de cursos de graduação e pós-graduação; isso pode levar a outra questão – o empreendedor nasce ou é desenvolvido? Existe diferença entre mulheres e homens empreendedores?

4.1 EMPREENDEDOR, EMPRESÁRIO OU BUROCRATA

Começando pelo significado, segundo Michaelis (1998, p. 463), empresário é a pessoa que se estabelece com uma empresa, e empreendedor é que, ou quem, tenta realizar algo difícil ou fora do comum. Aulete (2004, p. 302) diz que empresário é o dono de ou responsável por empresa. Entretanto, o *Dicionário Aurélio*, em 1960, definia empresário como aquele que empreende ou toma a seu cargo uma indústria ou uma especulação, aquele que dirige uma empresa, e empreendedor, que ou o que empreende (p. 446). Nota-se daí que, mesmo para os filólogos, não há uma clara distinção entre empresário e empreendedor.

Na atualidade, o sentido dado a *empresário* pelo *Aurélio* parece ser o mais aceito, ainda que os textos sobre administração dediquem capítulos ao empreendedor e parágrafos ao empresário, neles denominado administrador, executivo, direção e assemelhados.

Drucker (1981, p. 23-24, p. 36) relata que o francês Saint-Simon, no século XIX, foi o primeiro a perceber a importância do empresário como gerador de riquezas e a destacar a diferença entre seu papel, o de assumir o risco financeiro, e o do administrador, que é fazer que a instituição funcione bem. Drucker (1981, p. 41) ainda enfatiza que o administrador precisa sempre administrar o que existe e é conhecido, mas também deve ser um empresário, transferindo recursos para onde gerem melhores resultados, descartando o passado e criando um amanhã diferente do que existe hoje.

Já o burocrata, objeto do modelo construído por Weber, é constantemente citado nas teorias de administração, com destaque para suas principais características: a formalidade, pelo uso de normas escritas aplicáveis a todos; a divisão do trabalho, definindo cargos, poder e responsabilidade; a impessoalidade e a racionalidade; a meritocracia como requisito para ascender na empresa; a separação entre propriedade e administração e profissionalização dos membros da organização (Kwasnicka, 1995, p. 1). Os desvios desse modelo podem prejudicar o funcionamento de setores ou da empresa como um todo, eventualmente comprometendo sua permanência no mercado.

Daí o significado pejorativo atribuído ao burocrata, "funcionário que se acomoda numa burocracia e não trabalha com afinco" (Aulete, 2004, p. 120). Segundo Casson (2003, p. 13), empreendedores bem-sucedidos freqüentemente provêm de grupos minoritários, que encontram alternativas de avanço social que lhes é vedado. Assim, a essência do empreendedor é ser diferente – porque ele possui uma percepção diferente da situação. Nisso, endossa Drucker (1981, p. 43), que diz que para preparar a empresa de amanhã, o empresário "parte da convicção de que ela deve ser, e será, diferente", mesmo começando com algo que já existe.

Para Santos (1983, p. 12), "empreendedor é o indivíduo ou grupo que toma a iniciativa de um novo empreendimento, sendo seu principal papel o de assumir a atitude empresarial e de concretizá-la legalmente exercendo as funções necessárias para colocá-la em operação".

Para outros autores, o empreendedor é visto como um "tomador de decisões" (Drucker, 1965, p. 15), "uma pessoa imaginativa caracterizada pela capacidade de estabelecer e atingir objetivos" (Filion, apud Venturi e Lenzi, 2003, p. 75), "aquele que localiza e aproveita uma oportunidade de mercado, criando a partir daí um novo negócio" (Bhide, apud Venturi e Lenzi, 2003, p. 75) ou "aquele que recombina capital, recursos físicos e mão-de-obra, de alguma maneira original e inovadora" (Say, apud Venturi e Lenzi, 2003, 76).

Mintzberg et al. (2000, p. 101) relatam que Drucker identificava o espírito empreendedor com a administração ao dizer que o ato empreendedor é um ato de aceitação de risco econômico e que a empresa era uma instituição empreendedora. Já Drucker (1981, p. 111-113) afirmava que a empresa tinha duas funções básicas, a de marketing (oferecer ao mercado um produto ou um serviço) e a de inovação (provisão de diferentes satisfações econômicas), que pode resultar em preços mais baixos ou em produtos novos ou melhores, nova comodidade ou a definição de um novo desejo, acrescentando que a inovação mais produtiva é um produto ou serviço diferente, que crie um novo potencial de satisfação, mas que inovação não é invenção.

Robbins e Decenzo (2004, p. 10) descrevem o empreendedor como aquele que "procura oportunidades em organizações e seu ambiente e inicia 'projetos de melhorias' para realizar as mudanças; também supervisiona o desenvolvimento de certos projetos".

Longenecker, Moore e Petty (1997, p. 3-9) definem empreendedor como "uma pessoa que inicia e/ou opera seu próprio negócio", visando três recompensas básicas: lucro que compense seu investimento; liberdade para trabalhar de modo independente e busca de uma maneira prazerosa de viver (satisfação pessoal), apesar da ameaça de um possível fracasso.

Segundo o Sebrae (2004), "o empreendedor tem como característica básica o espírito criativo e pesquisador", que lhe permite a constante busca por novos caminhos e novas soluções, tendo sempre em vista as necessidades das pessoas.

A estrutura inteira da teoria desenvolvida sobre o empreendedor, conforme Casson (2003, p. 20), repousa na definição de que "o empreendedor é alguém que se especializa em tomar decisões de juízo sobre a coordenação de recursos escassos".

Igualmente, evidências indicam que educação e experiência fazem parte da preparação necessária para a maioria dos empreendedores e que o momento ideal para começar seu negócio seria em algum ponto entre o final dos 20 e o início dos 40 anos de idade, quando há um equilíbrio entre as experiências adquiridas e as obrigações familiares (Longenecker et al., 1997, p. 13). Isso já havia sido identificado por Santos (1983, p. 70), ao destacar que a idade dos empreendedores industriais no ramo de alimentos se concentrava na faixa dos 30 aos 44 anos.

Robbins (2000, p. 155) diferencia o administrador burocrático e o empreendedor típico com relação às questões estratégicas. O burocrata analisa os recursos que controla, a estrutura das relações da empresa com o mercado, o impacto dos outros sobre seu desempenho e a adequação da oportunidade; o empreendedor, por sua vez, procura a oportunidade e como explorá-la, os recursos necessários e a forma de controlá-los e qual a melhor estrutura para fazê-lo.

Quadro 4.1 Comparação entre administradores tradicionais e empreendedores

Características	Administradores Tradicionais	Empreendedores
Motivação primária	Promoção e outras recompensas corporativas tradicionais, como escritório, equipe e poder	Independência, oportunidade de criar, ganho financeiro
Orientação de tempo	Consecução de metas de curto prazo	Consecução do crescimento do negócio em 5 a 10 anos
Atividades	Delegação e supervisão	Envolvimento direto
Propensão ao risco	Baixa	Moderada
Visão para com os fracassos e erros	Evitação	Aceitação

Fonte: Robbins, 2000, p. 155.

QUESTÕES DE REVISÃO

1. Quais são os aspectos comuns das diversas definições de empreendedor?
2. Sob quais condições um empresário se torna um empreendedor?
3. Um burocrata pode se tornar um empreendedor? Justifique sua resposta.

4.2 EMPREENDEDORISMO

Casson (2003, p. 9-10) relata que, até o início dos anos 1980, os economistas haviam deixado para psicólogos, sociólogos e cientistas políticos o desenvolvimento de uma teoria econômica do empreendedorismo, porque as escolas da época (neoclássica e austríaca), não chegavam a um acordo sobre a figura do empreendedor. Na visão de Mintzberg (2002, p. 98), a escola empreendedora de estratégia tem foco no líder único e base em qualidades como intuição, julgamento, sabedoria, experiência e critério.

Assim, o "empreendedorismo surge como uma qualidade pessoal que permite que certos indivíduos tomem decisões com conseqüências de longo alcance" e a "essência da teoria do empreendedor não é tanto a racionalização do sucesso como a explicação do fracasso" (Casson, 2003, p. 11), o que sugere uma relação entre as qualidades do empreendedor, influenciadas pelas condições ambientais (habilidades latentes da etnia da população, nível de educação e cultura, moralidade predominante), e o sucesso econômico da empresa.

Casson (2003, p. 19) realiza duas abordagens para o empreendedorismo: a funcional, que define um empreendedor por aquilo que ele faz, e a indicativa, que o descreve pelas características que apresenta, como situação legal, relações contratuais com outras partes, posição na sociedade etc., ou seja, evidencia fatores externos e não internos ao indivíduo.

Stevenson apud Kao (1989, p. 95) define a tarefa do empreendedor como "a busca infatigável de oportunidade", esta vista como o reconhecimento de um estado futuro desejado e possível, que envolve crescimento ou mudança.

Robbins e Decenzo (2004, p. 35-36) definem empreendedorismo como "um processo em que um indivíduo ou grupo de indivíduos arriscam tempo e dinheiro em busca de oportunidades para criar valor e crescer pela inovação, independentemente dos recursos que controlam".

Robbins (2000, p. 52), citando Stevenson, Roberts e Grousbeck, diz que "empreendedorismo é um processo pelo qual indivíduos perseguem oportunidades, satisfazendo necessidades e desejos por meio da inovação, sem consideração pelos recursos que controlam atualmente".

O empreendedorismo tende a florescer em ambientes que lhe dão apoio. A cultura americana, por exemplo, valoriza muito o fato do ser o próprio patrão e atingir sucesso pessoal. Em outros países, ao contrário, incluindo a Irlanda e a Noruega, o menor valor é atribuído à realização profissional e um estigma maior está ligado ao fracasso. Ademais, algumas áreas de um país, com freqüência, se tornam bolsões de subculturas empreendedoras. Também pais que dão apoio parecem desempenhar um papel importante ao influenciar as tendências empreendedoras de seus rebentos (Robbins, 2000, p. 154).

Uma variável final relacionada com a atividade empreendedora é o empreendedorismo prévio. O comportamento passado é o melhor previsor do comportamento futuro. Uma vez que é geralmente mais fácil começar um segundo, terceiro ou quarto empreendimento do que o primeiro, iniciar um negócio empreendedor tende a ser uma atividade recorrente para certos indivíduos, como no caso de Cherrill Farnsworth – TME, uma empresa de serviços de diagnóstico por imagem para hospitais: é seu quinto início de negócio (Robbins, 2000, p. 152); isso coincide com pesquisa de Santos (1983, p. 71, p. 88) sobre empresas do ramo de alimentos – 60% da amostra já possuíam experiência como proprietários de empresa industrial ou comercial do setor e 83% pretendiam criar novas empresas no futuro.

QUESTÕES DE REVISÃO

1. No que se assemelham os conceitos de empreendedorismo?
2. O empreendedorismo pode ser aprendido em sala de aula? Quais são os fatores prós ou contras seu ensino?
3. Em geral, o brasileiro é um indivíduo empreendedor? Justifique sua resposta.

4.3 CARACTERÍSTICAS DO EMPREENDEDOR

Casson (2003, p. 29) comenta, de acordo com sua definição de que o empreendedor toma decisões de juízo, as qualidades essenciais para ter sucesso – imaginação, autoconhecimento, conhecimento prático, capacidade analítica, habilidade de pesquisa, capacidade de previsão e habilidades de computação, comunicação, delegação e organização –, sugerindo que o empreendedor deve ser mais um generalista que um especialista; destaca ainda que as qualidades mais escassas – imaginação e previsão – têm maior significado econômico e dão vantagem a algumas pessoas ao se tornarem empreendedoras.

Santos (1983, p. 12) relaciona atributos semelhantes, que incluem antecedentes culturais, situação econômica, experiências passadas de caráter familiar e profissional; círculo de amizades e influências, conhecimento do negócio, crenças e valores que orientam suas ações sociais e econômicas.

Collins e Moore, citados por Mintzberg et al. (2000, p. 103), ao acompanhar a vida de empreendedores desde a infância, relatam que são pessoas duras e pragmáticas, motivadas por forte necessidade de realização e independência que, em algum momento, enfrentaram um rompimento e partiram por conta própria. Mintzberg et al. relacionam mais algumas características do empreendedor: grande necessidade de controle, independência e realização, ressentimento para com a autoridade e tendência a aceitar riscos moderados.

Longenecker, Moore e Petty (1997, p. 3-7) destacam que os empreendedores são vistos como pessoas com enorme necessidade de realização, disposição para assumir riscos moderados e forte autoconfiança, mas que não há prova científica da importância dessas características e que existem indivíduos "fora do molde" sendo bem-sucedidos.

Visão semelhante das características do empreendedor é dada por Dornelas (2001, p. 31-32), ao consolidar vários autores: os empreendedores de sucesso são visionários, sabem tomar decisões, fazem a diferença, conseguem explorar ao máximo as oportunidades, são determinados e dinâmicos, dedicados, otimistas e apaixonados pelo que fazem, independentes e constroem o próprio destino, enriquecem, são líderes e formadores de equipes, são bem relacionados (*networking*) e organizados, planejam, possuem conhecimento, assumem riscos calculados e criam valor para a sociedade.

Casson (2003, p. 233-240) destaca algumas habilidades necessárias ao empreendedor: táticas de negociação, habilidades de organização (principalmente quando a empresa cresce) e capacidade de inovação e atenção a todas as áreas da organização.

Os empreendedores brasileiros enfrentam vários fatores que inibem sua ousadia: o *gap* existente entre inovação e transferência de tecnologia, a falta de capacidade empreendedora de qualidade, a falta de uma estrutura tributária e trabalhista adequada aos pequenos e novos negócios, a burocracia na criação de empresas, a necessidade de mais opções de financiamento e capitalização, a pressão da família a respeito da segurança propiciada pelo trabalho assalariado e a falta de capital social, em que a carência de educação inibe a criação de negócios ou de associações que resolveriam os problemas mais graves de determinada comunidade (Lambranho, 2002, p. 23-24).

Casson (2003, p. 233-40) também relaciona restrições à atividade do empreendedor, como falta de riqueza pessoal, de acesso a organizações que permitam contatos e obtenção de informações e falta de qualificações educacionais. Santos (1983, p. 161) acrescenta outras limitações, mais ligadas ao ambiente externo: economia em recessão, política dos concorrentes, escassez e custo do crédito, política tributária, excesso de burocracia institucionalizada, carência de informações sistematizadas.

Robbins (2000, p. 153) relata que as características psicológicas dos empreendedores são as mais pesquisadas, dentre as quais se destacam: trabalho duro, autoconfiança, otimismo, determinação e alto nível de energia. Mas três fatores ficam normalmente no topo das listas e fornecem o perfil da personalidade empreendedora – alta necessidade de realização, forte crença de que se pode controlar o próprio destino e desejo de aceitar somente riscos moderados. O mesmo autor (p. 154) faz a seguinte descrição geral dos empreendedores:

- tendem a ser tipos independentes, que preferem ser pessoalmente responsáveis pela resolução de problemas, por fixar metas e alcançá-las por seu próprio esforço;
- valorizam a independência e, particularmente, não gostam de ser controlados por outros;
- não têm medo de aceitar riscos, mas também não são fanáticos por buscá-los; preferem aceitar riscos calculados em que sentem que têm algum controle sobre os resultados.

As evidências das pesquisas de personalidades empreendedoras levam a duas conclusões: a) essas pessoas provavelmente não são funcionários satisfeitos e produtivos em grandes empresas típicas ou agências governamentais, por causa de regras, regulamentos e controles impostos; b) os desafios e as condições inerentes à criação do negócio próprio se mesclam bem com a personalidade empreendedora; como o controlam, acreditam que seu futuro está totalmente em suas mãos e percebem seu risco como moderado (Robbins, 2000, p. 154).

Os empreendedores geralmente têm modelos de papéis que tentaram emular. A inovação e o sucesso se tornam mais atingíveis quando vêem alguém inovar e ser bem-sucedido. Se um ou ambos os pais de empreendedores foram funcionários autônomos ou empreendedores, é possível que o filho siga o exemplo.

O empreendedor é guiado pela percepção de oportunidade, não pela disponibilidade de recursos. É somente após identificar uma oportunidade e o modo como explorá-la que começa a se preocupar com recursos, buscando primeiro quais são necessários e depois como podem ser obtidos. Essa ordem contrasta com a dos administradores típicos burocráticos, que enfocam os recursos a seu dispor. Os empreendedores são freqüentemente capazes de fazer uso imaginativo e muito eficiente de recursos escassos.

Os empreendedores tendem a ignorar as duras estatísticas contra o sucesso – cerca de 42% dos novos negócios não existirão após cinco anos. O empreendedor que vê uma oportunidade confia e acredita que vai ser o lado ganhador dessas estatísticas (Robbins, 2000, p. 154), o que comprova seu otimismo.

O Arthur Rock Center for Entrepreneurship (2005) levantou os principais erros cometidos pelos empreendedores nos Estados Unidos, mas que podem ser generalizados, como não formalizar a empresa ao iniciá-la; empregar um advogado sem experiência para negociar com empreendedores e capitalistas de risco; adiar a solicitação de uma patente internacional; tornar públicas invenções sem um acordo de não-divulgação ou antes de o pedido de patente ser depositado; prometer mais no plano de negócios do que pode entregar, e pensar que problemas legais podem ser resolvidos posteriormente, quando a empresa estiver operando. Acordos informais com sócios de primeira hora também podem ser uma fonte de problemas, uma vez que a empresa seja bem-sucedida – eles voltarão querendo sua parte no resultado.

De acordo com os autores anteriormente vistos, o empreendedor pode apresentar características bastante distintas, como conhecimento prático e imaginação, ou ser visionário e otimista simultaneamente, o que se nota no quadro a seguir.

Quadro 4.2 Resumo das características do empreendedor

Aceitação moderada de risco	Determinação
Alta necessidade de realização	Dureza e pragmatismo
Alto nível de energia	Rupturas no passado
Autoconfiança	Exploração de oportunidades
Autoconhecimento	Imaginação
Boas relações	Independência
Capacidade analítica	Inovação
Capacidade de pesquisa	Otimismo
Capacidade de previsão	Ressentimento contra a autoridade
Conhecimento prático	Trabalho duro
Crença no controle de seu destino	Visão

QUESTÕES DE REVISÃO

1. Quais são os aspectos comuns das diversas definições de empreendedor?
2. Descreva as condições em que um empreendedor conhecido detectou uma oportunidade e o modo como a explorou.
3. Comente as vantagens em explorar os pontos fortes do empreendedor contra as de reforçar aqueles que ele não possui ou em que é mais fraco.

ESTUDO DE CASO – CITYSOFT: SENDO SINCERO SOBRE IDEALISMO

Nick Gleason, presidente, ainda que não seja um apologista do capitalismo, passou os últimos quatro anos trabalhando furiosamente para construir uma empresa que algum dia dará lucro a seus investidores: a CitySoft – uma empresa de desenvolvimento, administração e contratação de *website* que emprega extensivamente em áreas urbanas carentes para ajudar a criar empregos no centro da cidade. Ele se recusa a chamar a empresa de "social", porque a CitySoft está focada no sucesso do negócio (competitividade e lucratividade) para atingir sua missão social. Sua meta principal é participar e ser competitivo na principal corrente da economia. "Se define pessoas ou organizações como 'sociais', você se arrisca a marginalizá-las, mesmo quando usam esse rótulo com boas intenções", diz. Ele acredita que a criação de empregos é a chave para revitalizar zonas urbanas em deterioração. Após trabalhar muitos anos no setor não-lucrativo, concluiu que estruturas limitadas de apoio impedem que as não-lucrativas sejam realmente efetivas. "Cansei-me de não ter sucesso. As não-lucrativas são mais fáceis de começar que os negócios, mas, por definição, são muito mais difíceis de atingir escala. Não há crescimento, saída – é como bater contra uma parede em um certo ponto. Se você acreditar que isso vai limitar seu efeito, é um problema" (Arthur Rock Center for Entrepreneurship, 2005).

QUESTÕES

1. Como você analisaria esse caso, em termos de empresa lucrativa e de ONG?
2. A estratégia de Gleason é inovadora? Por quê?
3. Comente se esse tipo de empreendimento poderia ter sucesso no Brasil.

4.4 EMPREENDEDORISMO CORPORATIVO (INTRA-EMPREENDEDORISMO?)

No estudo realizado com 477 empresas eslovenas sobre empreendedorismo corporativo, esse termo foi definido como empreendedorismo em uma organização existente, referindo-se a intenções comportamentais emergentes e comportamentos dentro de uma organização que se desviam da forma costumeira de fazer negócios. Esses processos se referem à criação de novas associações de negócios e a outras atividades inovadoras. As características do empreendedorismo corporativo incluem: novas associações de negócios, inovação de produtos/serviços, inovação de processo, auto-renovação, aceitação de risco, proatividade e agressividade competitiva (Antoncin e Hisrich, 2004).

Empreendedorismo consiste em eventos não-costumeiros e identifica aquelas empresas que são mais empreendedoras. Essa visão de empreendedorismo corporativo como um *continuum* é um aspecto da distinção de Covins e Slevin (1989), citados por Antoncin e Hisrich (2004), entre firmas conservadoras (avessas ao risco, não-inovadoras e reativas) e empreendedoras (tomadoras de risco, inovadoras e proativas).

A literatura sobre o assunto identificou dois conjuntos de antecedentes do empreendedorismo corporativo: um relativo à organização, e outro, a seu ambiente externo, cuja conseqüência mais importante é o desempenho da empresa.

Ao testar hipóteses sobre o impacto direto do empreendedorismo corporativo sobre o desempenho e os efeitos das condições ambientais e fatores organizacionais no modelo, o estudo encontrou os seguintes resultados:

- o empreendedorismo corporativo tende a ser um bom previsor direto da criação de riqueza organizacional, assim como da lucratividade e do crescimento;
- o crescimento da organização e a criação de nova riqueza, mas não a lucratividade, podem ser influenciados diretamente pelo crescimento da indústria, tanto quanto pela adaptação entre as características dessa indústria e o empreendedorismo corporativo;
- oportunidades tecnológicas podem ser impulsores diretos do empreendedorismo corporativo, mas sua adaptação ao nível de intra-empreendedorismo pode não levar a crescimento organizacional, lucratividade ou criação de nova riqueza;
- a demanda por novos produtos pode ter impacto direto sobre o intra-empreendedorismo, criando nova riqueza e lucratividade, mas não crescimento;
- outro fator importante é o apoio organizacional ao intra-empreendedorismo, que exerce uma influência indireta sobre o desempenho, mas pode afetar o crescimento organizacional;
- os controles formais podem ser importantes para estimular o empreendedorismo corporativo, mas têm pouca influência sobre o desempenho;
- no que se refere ao número de parcerias estratégicas sobre o intra-empreendedorismo, seu impacto pode ser positivo, mas se torna negativo se os parceiros forem muito numerosos.

Os dados desse estudo foram coletados na Eslovênia, mas, como seu referencial se baseou em pesquisas realizadas em outros contextos, principalmente nos Estados Unidos, seus resultados podem ser generalizados, em determinado grau, para organizações em outros países. Alguns dos vieses da pesquisa são: exclusão de empresas com menos de 30 funcionários, de instituições financeiras, de organizações voltadas aos cuidados com a saúde e de instituições educacionais; pequena ênfase em empresas maiores e indústrias manufatureiras; um só respondente em cada empresa, geralmente o gerente de topo (diretor); uso de medidas exclusivamente perceptuais, portanto, específicas do informante-chave. Outros fatores positivos foram o uso de abordagem integradora das contingências do intra-empreendedorismo e um maior rigor estatístico, tanto na escolha da amostra como nos métodos de análise dos dados coletados, não só utilizando regressão múltipla, mas também o *critical path modelling* com equações estruturais, considerando um número maior de variáveis.

Esse estudo confirmou a expectativa de que o intra-empreendedorismo tende a criar nova riqueza organizacional, bem como as crenças dos pesquisadores em estratégia e empreendedorismo de que administração e apoio organizacional devem ser uma preocupação principal ao aumentar o nível de empreendedorismo corporativo.

Ao realizar essa pesquisa fora da América do Norte, o estudo demonstrou que os mecanismos lá desenvolvidos podem ser aplicados em um país estrangeiro como a Eslovênia. Isso sugere que a teoria do empreendedorismo corporativo também pode ser válida fora dos Estados Unidos, em contextos com uma tradição relativamente curta em empreendedorismo e se adaptado às condições do mercado global na última década ou próximo dela. Uma série de implicações gerenciais também pode ser extraída desse estudo. O empreendedorismo corporativo pode ser um incentivo importante da criação de riqueza organizacional, bem como de crescimento e lucratividade. A maioria das empresas empreendedoras exibe, em maior extensão que outras organizações empreendedoras, atividades e orientações, como perseguir novos negócios, criar novas unidades ou empresas, inovar em termos de produtos, serviços e processos, auto-renovação estratégica, aceitação de risco e proatividade. Conseqüentemente, empresas com alto nível de empreendedorismo corporativo provavelmente atingirão melhores resultados comerciais que aquelas com níveis mais baixos.

Como exposto nesse estudo, o empreendedorismo corporativo tende a influenciar três elementos de desempenho importantes:

a) criação de riqueza (novos fundos disponíveis);
b) crescimento (absoluto – em vendas e em número de funcionários – e relativo – em participação de mercado);
c) lucratividade (absoluta – retorno sobre vendas, retorno sobre ações e retorno sobre ativos – e relativa – em comparação com os concorrentes).

O empreendedorismo corporativo pode, em grande parte, ser estimulado e afetado pelos membros da gerência e da organização. Os fatores mais importantes são a administração e o apoio organizacional, pois tendem a ser a influência mais forte sobre o empreendedorismo corporativo e uma influência substancial sobre a criação de riqueza organizacional (indiretamente sobre crescimento e lucratividade), e sobre o crescimento.

Em função dos resultados desse estudo, Antoncin e Hisrich (2004) sugerem a comparação entre nações, usando os Estados Unidos, que é o núcleo do empreendedorismo desenvolvido da empresa, e o Japão, por exemplo, em que o empreendedorismo se dá mais entre empresas. Os resultados desse estudo demonstraram que o empreendedorismo corporativo faz diferença na criação de riqueza organizacional, particularmente em termos dos fortes efeitos diretos. Essa criação de riqueza é influenciada adicionalmente por algumas contingências do empreendedorismo organizacional.

ESTUDO DE CASO – O GUARDADOR DE FILA EMPREENDEDOR

Artigo publicado em jornal de grande circulação (Thomé, 2006, p. C8) descreve a atuação de um guardador de lugar em fila, que demonstrou um espírito empreendedor invejável. Atuando próximo ao Consulado dos Estados Unidos em uma capital brasileira, aproveitava as longas filas que se formavam para obter visto para esse país, chegando de madrugada e vendendo o primeiro ou o segundo lugares a quem se interessasse. Passou depois a alugar cadeiras aos participantes da fila. No entanto, o consulado mudou suas normas de atendimento ao público, que passou a ser feito por agendamento telefônico ou eletrônico, acabando com o negócio do guardador de fila, que viu sua receita cair verticalmente. Ao mesmo tempo, foi editada uma nova norma pelo consulado: ninguém podia entrar no prédio com equipamentos eletrônicos, como celulares, notebooks ou câmeras, além de mochilas e sacolas. Nosso empreendedor não teve dúvidas: fabricou um armário com portas, prateleiras e fechadura, onde guarda o material "proibido" dos solicitantes de vistos para os Estados Unidos, mediante preços módicos. Quando precisa atender às necessidades físicas, os seguranças da rua vigiam seu armário. O negócio foi tão bem-sucedido que o empreendedor já tem um funcionário para guardar malas e mochilas em uma rua perpendicular, reformou sua casa e até abriu uma conta poupança. Segundo a notícia, ele foi convidado por uma universidade a participar de um seminário sobre empreendedores. Além disso, está ampliando seus negócios: alugar cadeiras para filas de inscrição em concursos e de atendimento em serviços associativos.

QUESTÕES

1. Esse exemplo é de uma atividade ilegal? Justifique sua resposta.
2. Quais são os fatores que se destacam na atividade do guardador de fila?
3. Descreva um caso que você conheça de empreendedorismo individual.

4.5 EMPREENDEDORISMO ÉTNICO

Estudo realizado por Allahar (2004) em comunidades africanas e hindus em Trinidad e Tobago tentou explorar o fenômeno do empreendedorismo étnico-político. Ele trata o empreendedor étnico como um operador político, que tem uma agenda clara que é perseguida por meio de apelos étnicos à comunidade-alvo. Em um ambiente altamente competitivo, em que bens e serviços (empregos, educação, moradia, empréstimos bancários, acesso a assistência médica) estão em falta, as preocupações dos empreendedores étnicos, apesar de freqüentemente disfarçadas, são de classe e têm metas econômicas e/ou políticas definidas. Os líderes nacionalistas negros ou afrocentristas e os nacionalistas hindus ou aqueles que abraçam a ideologia do Hinautva são vistos como perseguidores de uma forma de nacionalismo étnico que evade a análise de classe, joga com a insegurança das pessoas e abraça uma grande quantidade de mitos. Entre outras atitudes, esses empreendedores étnicos traficam em divisões sociais, procuram manipular as emoções de seus seguidores e cuidadosamente evitam qualquer comprometimento crítico, intelectual, com os assuntos envolvidos. Seus motivos políticos privados são mais bem servidos por apelos de sentimentos étnicos primordiais que promovem falsa consciência.

4.6 MULHERES EMPREENDEDORAS

Pesquisa realizada por Nearchou-Elinas e Kountouris (2004) em Chipre (uma ilha que, nos últimos 50 anos, passou pelo colonialismo, pela independência, pela invasão e semi-ocupação de seu território, que, em 2000, incluiu-se entre os 16 países com maior renda *per capita* e entre os 22 com o maior índice de desenvolvimento humano e buscou sua associação à União Européia em 2004), demonstrou que o país não poderia ter chegado a esse ponto sem a participação de metade de sua população, as mulheres.

O empreendedorismo feminino parece influenciar positivamente o crescimento econômico e a criação de emprego em um país; além disso, tem atuado como meio de atribuir mais poder social, econômico e político às mulheres (Mayoux, 2001, apud Nearchou-Elinas e Kountouris, 2004); como conseqüência, houve um aumento de recolhimento de tributos e de contribuições sociais e um crescimento da oferta de produtos, serviços, lucros e exportações.

Das 58 mil empresas registradas no Censo de Estabelecimentos de 1995, cerca de 7 mil eram de mulheres, número que pode ser realmente maior, pois elas podiam atuar em empresas familiares, de cujo registro não constassem, ou serem proprietárias de microempresas sediadas na própria residência, inexistentes oficialmente, ainda que gerando empregos e renda, principalmente nas atividades de aulas particulares, cabeleireira, costura etc.

Comparativamente, na União Européia, o número de negócios criados por mulheres é de 27%; nos Estados Unidos, 37%, enquanto em Chipre é de 12%; mas Malta tem apenas 1,5% de empreendedoras, e Israel, 5,1%.

Os principais objetivos dessa pesquisa eram identificar (1) as características dos negócios criados por mulheres, (2) as necessidades das empreendedoras e (3) suas características demográficas.

A amostra foi escolhida aleatoriamente por distritos e por ordem alfabética das empresas e abrangeu 373 mulheres, com um nível de confiança de 95% e margem de erro de +4,9%.

Os fatores considerados na pesquisa, após análise da literatura pertinente, foram:

(1) elementos influenciadores da decisão de lançar o empreendimento: antecedentes (condições na infância, nível de educação, idade e experiência prévia de trabalho, desejo de controlar o próprio destino, horas de trabalho), estimuladores (necessidade, fé e entusiasmo por um produto ou serviço) e permissivos (oportunidade e garantia de recursos financeiros);
(2) problemas encontrados pelas mulheres empreendedoras: obstáculos ao iniciar o negócio, conciliação entre os cuidados com a casa e os filhos, percepções do negócio e do ambiente social;
(3) características das empresas de mulheres relativas a abordagem de início do empreendimento, setor de negócios e tamanho da empresa.

Os resultados mostraram que 46% das respondentes tinham entre 31 e 44 anos de idade, 82% eram casadas, 50% possuíam curso secundário e 34% acima disso, 71% das mulheres viviam em áreas urbanas, indicando uma clara migração das áreas rurais. Cerca de metade das respondentes teve uma infância em condições financeiras médias, 33% em condições confortáveis e apenas 6% em condições ricas, enquanto 8% lutaram para sobreviver; havia uma clara correlação entre condições financeiras e educação superior, pois 58% receberam apoio total da família para obtê-la e 29% o tiveram parcialmente. As áreas de estudo foram principalmente médicas e paramédicas (35%), com artes e *design* em segundo lugar (14%) e outras áreas com pequena participação.

O ambiente familiar não mostrou influência significativa – apenas 17% dos pais e 5% das mães tinham negócios próprios, índices que poderiam ser mais altos se fossem consideradas a agricultura/pecuária e a mecânica, que costumam ser negócios pequenos em Chipre.

Os fatores que estimularam a criação do negócio foram o desejo de controlar e tomar decisões (56%) e obter lucro (46%), seguidos por identificação de uma oportunidade (36%), sugestão feita por amigos/marido (26%) e desemprego (23%).

Quanto à experiência prévia, não pareceu essencial – 40% das mulheres não a tinham, talvez porque a maioria delas havia iniciado sua empresa na casa dos 20 anos. A maioria das respondentes descreveu sua situação financeira antes do início do empreendimento como média (64%), e 84% tiveram acesso ao capital necessário por meio de um empréstimo pessoal.

A atividade empreendedora permitiu que, a cada três mulheres, uma melhorasse sua condição financeira: a condição média baixou para 52%, a confortável subiu para 40%, a rica foi para 5% e, principalmente, a de pobres diminuiu de 8% para 1%.

A forma de propriedade preferida é a de única proprietária (85%), e elas preferem começar a empresa do nada (90%), dedicando tempo integral à atividade, que lhes consome entre 41 e 60 horas semanais. Além disso, 69% das mulheres não tinham empregados, o que mostrava que eram microempreendedoras. Os setores explorados eram os considerados tradicionalmente "femininos", como indústria de roupas e calçados (28%), profissões médicas e paramédicas – principalmente como donas de farmácias (16%) –, quiosques e minimercados (15%), comércio de presentes (12%), cabeleireiras e floristas (12%).

As mulheres empreendedoras reclamam que precisam melhorar suas habilidades/conhecimentos em marketing (37%), vendas (31%), informática (29%) e finanças (23%); ainda que esses cursos sejam oferecidos em todos os distritos da ilha, participar de seminários ou oficinas de trabalho não é prioritário, e apenas 42% incentivam seus funcionários a fazê-lo, mas apenas concedendo-lhes o tempo para isso.

Suas empresas parecem não atrair funcionários ambiciosos e as empreendedoras tendem a pensar "pequeno" – essa "cautela" talvez esteja relacionada aos múltiplos papéis que desempenham.

Quanto aos programas de apoio que gostariam de ter, a maioria das respostas se concentrou na área financeira (45%). Apesar das dificuldades, poucas (6%) desencorajaram novas entrantes; 55% estão contentes com o sistema de suporte com que contam, mas 34% se sentem sobrecarregadas em suas relações com pessoas próximas por causa das atividades empreendedoras. Esse fato, mais as percepções sociais sobre áreas predominantemente masculinas, influi negativamente sobre o envolvimento feminino nas atividades empreendedoras.

Com respeito ao acesso à União Européia, 52% estão pouco informadas sobre as conseqüências para os negócios em Chipre, 64% estavam pessimistas, 83% temiam o aumento da concorrência, e 32% da tributação.

Quanto ao uso do computador, 98% das empresas que empregavam mais de dez pessoas contavam com essa ferramenta, mas 88% das mulheres pesquisadas não o usavam, possivelmente pelo fato de terem empresas unipessoais.

4.7 EMPREENDEDORISMO INTERNACIONAL

A rápida globalização do ambiente, a liberalização do comércio e dos investimentos e os avanços acelerados em tecnologia, entre outras tendências do final do século XX, têm incentivado a junção do empreendedorismo com o comércio internacional, acentuando o surgimento do campo interdisciplinar do empreendedorismo internacional (Etemad, 2005).

Como todo campo novo, a teoria está fragmentada e demanda a consolidação de conhecimentos e o surgimento de um novo paradigma unificador, o que ainda tardará, mas que, na prática, por meio da experiência de comércio internacional e das habilidades empreendedoras dos profissionais, tem propiciado experimentos *ad hoc*.

As Conferências McGill sobre Empreendedorismo Internacional têm procurado servir de catalisadores nessa área. Um dos *papers* apresentados mostra que as raízes do empreendedorismo internacional aparecem no século XVIII, mas que começaram bem antes, com os comerciantes empreendedores da Antigüidade, que, há 3 mil anos, demoravam de três a quatro anos em uma viagem para cobrir a Rota da Seda, da Europa à China (Etemad, 2005).

Segundo Etemad, o empreendedorismo enfocou os empreendedores e seus processos, sem muito interesse nas teorias relativas ao crescimento global de grandes empresas; mas, para definir empreendedorismo internacional, pode ser considerada a ligação entre empreendedorismo e oportunidades, visto como internacionalização de empresas empreendedoras, incluindo pequenas e médias, ou o intra-empreendedorismo em grandes empresas.

Segundo Schumpeter apud Etemad (2005), esses atos empreendedores expandem o horizonte, o alcance e a amplitude de oportunidades para além do mercado interno e, independentemente do tamanho da empresa, criam riqueza incremental e emprego, destruindo operações anteriormente ineficientes. Isso expõe a empresa ou o empreendedor a riscos, desafios e ameaças desconhecidos, uma vez que normalmente a atividade empreendedora considera, em princípio, o mercado interno.

Limitações artificiais criaram restrições injustificáveis em uma era de globalização acelerada, como as distinções entre mercados domésticos e internacionais; entre empresas locais, na maioria pequenas e médias, e multinacionais, graças ao aumento das cadeias de suprimento internacionais e operações contracorrente, e entre empresas de países industrializados e outros, pelos recursos móveis, conhecimento e aprendizagem, com produtos e tecnologias que permitem rápida internacionalização.

Além disso, a queda nos custos de transporte e comunicação, a redução do tamanho de produtos, a falta de recursos tangíveis substanciais e a dificuldade de acesso a informações distantes não mais constituem barreiras para uma inserção significativa no mercado internacional. As empresas começaram a cruzar fronteiras (internas e externas), mercados e tecnologias para alcançar a ligação oportunidade-empreendedorismo.

As empresas nascidas globais (Knight e Cavusgil, apud Etemad, 2005) são as organizações que "desde o início, buscam obter vantagens competitivas significativas (...) da venda de produtos em múltiplos países". Essa pesquisa identificou mais de mil empresas nascidas globais nos Estados Unidos, cuja maioria obtém pelo menos 25% das vendas totais do exterior após três anos de sua fundação. Essas empresas dependem muito das tecnologias da comunicação para atingir seus objetivos internacionais. O resultado da pesquisa sugere que as empresas com melhor desempenho internacional tendiam a ser conduzidas por uma orientação empreendedora e uma liderança tecnológica, bem como por estratégias de diferenciação e foco.

Um estudo feito na Noruega por Aspelund e Moen, citado por Etemad (2005), com pequenas empresas exportadoras muito ativas na Europa mostrou que estas não seguem mais o modelo de estágios de internacionalização, com operação doméstica e incremento gradual das vendas a mercados mais distantes, pela heterogeneidade das empresas internacionais e em internacionalização. O estudo as classifica em quatro *clusters* – nascidas globais, internacionais precoces, internacionais tardias e globais tardias –, definindo as empresas de acordo com suas características com relação à rapidez de entrada e comprometimento com o mercado internacional, o que uma única teoria não poderia fazer.

O resultado de outro estudo, de Ibeh (apud Etemad, 2005), sobre o agronegócio no Reino Unido, sugere que as empresas que buscam o sucesso nesse setor provavelmente se beneficiarão do fato de possuírem talentos gerenciais orientados para a internacionalização e muita experiência, instalações de produção e de serviços avançadas, recursos exclusivos de conhecimento aplicáveis ao produto, aos serviços e ao gerenciamento de relacionamentos, bem como a amplitude de sua competitividade em mercados internacionais.

Já um estudo feito em empresas de software baseadas na Índia e em Taiwan (Contractor, Hsu e Kundu, apud Etemad, 2005) indicou muitos traços em comum nos resultados empíricos para essas instituições.

Para explicar o sucesso no desempenho de exportação, parecem ser mais importantes as características empreendedoras como histórico de educação, capacidade tecnológica inovadora e orientação estratégica do empreendedor. Os fatores tradicionais da empresa, como o tamanho, a idade e a experiência internacional, mostraram um efeito negativo sobre o desempenho de exportação. Duas variáveis estatisticamente significativas foram o tamanho da empresa (Taiwan) e o conhecimento do exterior dos empregados (maior na Índia). O histórico escolar e o treinamento de empreendedores fazem uma grande diferença no desempenho de exportação das empresas globais de software iniciantes. Como implicação desses resultados, as instituições de promoção de exportações e financeiras deveriam identificar e nutrir empreendedores nascentes e orientados para a internacionalização nessas indústrias intensivas em conhecimento ou tecnologia.

Já o estudo de Acs e Braunerhjelm (apud Etemad, 2005), sobre filantropia e comercialização de conhecimento em universidades comparáveis dos Estados Unidos e da Suécia, mostrou que, no primeiro país, especialmente para as universidades fundadas com recursos privados (filantropia empresarial ou doações anuais), são oferecidas maiores oportunidades para a criação de conhecimento por meio de relações positivas com a comercialização baseada na universidade, levando as universidades a um crescimento maior que o de suas similares suecas. Mas a situação destas está mudando rapidamente pelas conexões com o setor comercial por meio de fundações da universidade e de empresas *holdings*.

O último estudo nessas conferências é de auditoria do próprio Etemad (2005), que argumenta que subsidiárias se desenvolvem e ganham recursos e capacidade por meio de três estágios em seu caminho evolutivo, indo de uma jovem subsidiária enfrentando um ambiente hostil no início de seu ciclo de vida a centro de excelência com atividades globais no terceiro estágio. O autor argumenta que a subsidiária típica responde inicialmente aos desafios do ambiente e da concorrência, tornando-se uma organização que aprende e usa o mercado interno da multinacional para simular e lucrar com as vantagens dessa organização em rede.

Resumindo, esses estudos lançam novas bases para explicar os desafios de empresas empreendedoras que aproveitam oportunidades em escala global.

4.8 EMPREENDEDORISMO EM EMPRESAS FAMILIARES

As empresas familiares têm sido reconhecidas como uma grande fonte de inovação tecnológica e de progresso econômico; mas, no decorrer do tempo, algumas se tornam conservadoras e não aceitam os riscos associados à atividade empreendedora. Uma pesquisa realizada entre 209 empresas manufatureiras norte-americanas mostrou que a propriedade e o envolvimento da família promovem o empreendedorismo, mas a longa permanência do presidente fundador tem efeito oposto, o que serviria de alerta para que os gerentes capitalizassem as habilidades e os talentos dos membros da família a fim de promover o empreendedorismo e arriscar-se seletivamente em novos ares do mercado (Zahra, 2005).

As empresas familiares criam emprego, geram novas tecnologias e servem de incubadoras e financiadoras de novos negócios, e sua estrutura alinha as metas dos donos com as da empresa, leva à continuidade e permite relacionamentos duradouros com seus públicos interessados, agilizando a identificação de oportunidades e os meios de exploração para criar valor à família e à sociedade.

Entretanto, algumas firmas familiares se tornam resistentes a mudanças e seguem estratégias conservadoras que limitam seu crescimento e sua lucratividade futuros. Alguns fundadores permanecem no controle por muito tempo e dão pouca ou nenhuma atenção ao desenvolvimento de indivíduos capazes que poderiam assumir a liderança, favorecendo seus filhos e outros membros da família e fracassando ao não integrar funcionários que não são parentes; igualmente, os empregados ou familiares que discordam dos proprietários podem considerar difícil permanecer na empresa. Nessa situação, o proprietário e os que o apóiam ficam com o controle da firma, que pode cair na "simplicidade estratégica", em que rotinas que funcionaram no passado continuam a ser usadas, independentemente dos desafios que a empresa enfrenta.

Outras empresas cultivam e recompensam o empreendedorismo ou fazem alianças estratégicas nacionais e internacionais para melhorar sua capacidade ou desenvolver novas que ampliem suas possibilidades de crescimento, mas todas são arriscadas, pois demandam recursos significativos e mudanças importantes no processo de tomada de decisão.

A pesquisa de Zahra (2005) buscou identificar as variáveis relativas à empresa familiar – se o fundador é o presidente, a duração de sua ocupação do cargo, o envolvimento da família no negócio e a coesão da cultura familiar – que se relacionam com as escolhas estratégicas que a empresa precisa fazer para sobreviver, aumentar a receita e crescer, explorando as correlações entre família e propriedade na aceitação de risco empreendedor e a importância desse fator na empresa familiar.

Os tipos de risco enfrentados pela empresa familiar relacionam-se com o da indústria, que reflete o ritmo da mudança no cenário competitivo da empresa, e o da própria empresa, refletindo suas qualidades exclusivas e de seus tomadores de decisão de cúpula. Uma fonte de incerteza sobre a consistência das correntes vencedoras na empresa familiar são as idiossincrasias em ativos, culturas e processos gerenciais.

O empreendedorismo se concentra em reconhecer e explorar oportunidades por meio da reconfiguração de recursos existentes e novos, de modo a criar uma vantagem, o que é arriscado, porque sua duração e seu retorno são desconhecidos.

Os gerentes das empresas familiares sabem que o empreendedorismo é essencial para criar um novo negócio, renovar suas operações e construir capacidades organizacionais que melhorem a resposta da empresa ao mercado. É igualmente importante para criar e sustentar a "capacidade geradora" interna, definida como a faculdade de renovar as operações da empresa por meio de inovação radical para criar novas capacidades. Além disso, desenvolver novas capacidades pode demandar "desaprendizagem" significativa por parte da organização e de sua liderança, bem como reavaliação das relações com os diferentes públicos da empresa.

Com os resultados da pesquisa sobre as quatro variáveis da empresa familiar estudadas, confirmou-se que o papel da empresa de criar novas tecnologias, empregos e riqueza repousa em sua habilidade de inovar e aceitar riscos. As variáveis relativas ao fundador e à família exercem forte influência sobre a aceitação de risco, mas de forma não capturada pela literatura pertinente. Há a necessidade de maior entendimento das dimensões do risco empresarial e de determinação de seus efeitos sobre o desempenho organizacional. Algumas intuições dessa pesquisa podem ajudar a apreciar mais detalhadamente como algumas empresas familiares desenvolvem a "capacidade regenerativa" que lhes permite renovar operações, desenvolver novos mercados e habilidades e adotar novas estratégias, deixando de lado a "simplicidade estratégica".

4.9 EMPREENDEDORISMO SOCIAL E APRENDIZAGEM

Winfield (2005) comenta que não há uma única definição de empreendedorismo, mas uma série delas, conforme os autores: o processo de criar inovação, responder a oportunidades tornadas possíveis pela mudança, ou explorar a ambigüidade. Outros a vêem como a realização de mudanças ativas em "como vemos e entendemos e manejamos coisas ou pessoas em algum domínio" (Flores e Dreyfus, 1999, p. 39, apud Winfield, 2005). Dees, Economy e Emerson (2001, p. 4), apud Winfield (2005), destacam que o traço comum dessas definições é que "empreendedores são agentes de mudança inovadores, orientados para oportunidades, cheios de recursos e criadores de valor", o que se aplica não só aos empreendedores empresariais, mas também aos sociais. A diferença é que os empreendedores sociais começam com uma missão social explícita em mente, cujo objetivo principal é tornar o mundo um lugar melhor para criar valores sociais.

Antes de ensinar habilidades específicas na criação de valor, deve-se criar um ambiente que nutra os empreendedores sociais nascentes, aqueles que não só vêem um problema que deve ser corrigido, mas que consideram que devem fazer algo. Além disso, precisam ter habilidades de observação e de análise crítica para acreditar que podem fazer algo a respeito.

Stevens e VanNata (2002), apud Winfield (2005), citam que a análise crítica agrupa três habilidades básicas: distinguir claramente entre o evento e sua análise; identificar pressupostos, expectativas e estereótipos que trazemos para interpretar comportamentos e identificar o contexto em que as observações estão fundamentadas. Assim, os estudantes aprendem que a reflexão pode levar ao reconhecimento de problemas e à imaginação de novas soluções, o que é o fundamento do espírito empreendedor – ver as lacunas ou furos que os outros não vêem e identificar alternativas enraizadas em valor social explícito.

A aprendizagem baseada em serviços à comunidade realiza a conexão entre as habilidades e o conhecimento das ciências sociais e o empreendedorismo social, por meio da qual os estudantes podem ver aplicações significativas do currículo, enquanto realizam atividades que desenvolvem habilidades, como observação crítica, análise e aplicação.

Seu envolvimento e a melhoria de suas competências podem reforçar a confiança acadêmica e pessoal do estudante, essencial para transformar seu cinismo em inovação. Essa observação partiu de um curso de graduação sobre sociologia da vida econômica – empreendedorismo e como mudar o mundo – e combinava conceitos básicos de sociologia econômica com estudos de casos, para que os alunos aprendessem a aplicar os conceitos a exemplos reais; além disso, eles deveriam escolher participar em um dos seguintes projetos: uma experiência de aprendizagem de serviço em uma organização social empreendedora ou um programa comunitário local; desenvolvimento de um estudo de caso de um programa ou organização social empreendedora; criação do próprio plano para uma atividade empreendedora social. Apesar de poucos alunos se interessarem pelo curso, a maioria queria fazer algo para mudar o mundo, e metade deles desenvolveu um plano de parceria em empreendedorismo social, e a outra metade optou pelas demais alternativas.

As atividades incluíam a redação de um relatório com aplicação dos conceitos à análise do empreendimento social e uma apresentação oral para os colegas. Os estudantes se envolveram uns com os outros, com o material, preocuparam-se com o que estavam fazendo e escolheram projetos de acordo com seus pontos fortes e seu modo de aprender.

Segundo Winfield (2005), duas lições foram aprendidas pelo professor: trabalhe com os alunos para ajudá-los a ver como os conceitos teóricos se aplicam ao mundo real e ajude-os a confiar em seu entendimento de conceitos e em sua habilidade de análise crítica para visões válidas e idéias legítimas para resolver problemas.

4.10 EMPREENDEDORISMO, SUSTENTATIBILIDADE E APRENDIZAGEM

O empreendedorismo acadêmico, em sentido estrito, envolve a criação de associações de negócios entre universidade e faculdade, administradores e estudantes. Mais amplamente, o empreendedorismo acadêmico busca estabelecer conexões por meio de disciplinas, entre alunos e assuntos acadêmicos e entre o câmpus e a comunidade. Retira do espírito de inovação, criatividade e oportunidade da atividade empreendedora do mundo dos negócios para dar a mais rica experiência de aprendizagem possível aos estudantes (Bardaglio, 2005).

O Ithaca College, na região de Nova York, pratica o empreendedorismo acadêmico desde sua fundação, em 1892, proporcionando, no ensino médio, uma educação que combina aprendizagem liberal e profissional, com ênfase em vivência de experiências e envolvimento cívico, equipando os alunos com a habilidade de resolver problemas do mundo real de forma a privilegiar os valores centrais do colégio: intelecto, caráter, criatividade, comunidade e cidadania global.

O câmpus está desenvolvendo um projeto recente de sustentabilidade-desenvolvimento que atende às "necessidades do presente sem comprometer a capacidade de as futuras gerações atenderem às próprias necessidades", encorajando o pensamento estratégico de longo prazo, que promove a efetiva administração de nossos recursos naturais, sociais e econômicos. O plano estratégico estabelece diversas prioridades, sendo uma delas "expandir a aprendizagem baseada em campo, na experiência e no desempenho, especificamente buscando desenvolver o engajamento do estudante dentro e fora da sala de aula e seu comprometimento com serviços e envolvimento comunitários".

Um dos projetos é a parceria com a EcoVillage, uma comunidade dedicada a criar modelos inovadores de abordagem à sustentabilidade ecológica, econômica e social, que possui centro de hospedagem e educação, um hábitat para conservação e restauração do solo e agricultura orgânica. A parceria procura avançar a aprendizagem em sustentabilidade no ensino médio e estimular os estudantes a se envolver em projetos ecológicos com base científica da comunidade, levando à criação de quatro cursos interdisciplinares em estudos ambientais e à inclusão de princípios de sustentabilidade por meio do currículo em disciplinas como administração da recreação, filosofia, administração de empresas, história, políticas de saúde e física.

A faculdade, o corpo administrativo e os estudantes também se envolveram na administração ambientalmente correta do câmpus, usando papel reciclado para cópias, um programa reconhecido de reciclagem e compostagem, coleta e distribuição de material de escritório reutilizável, um programa de compras "compre verde, compre socialmente responsável" e a adição de veículos bicombustíveis à frota do câmpus. Um comitê está desenvolvendo um plano para uso equilibrado do terreno do colégio, tanto para pesquisa acadêmica e ensino como para geração de receita. Uma doação facilita a pesquisa para ampliar a biodiversidade no local do câmpus e o desenvolvimento de um programa interativo de mapeamento de biodiversidade baseado na web, e os estudantes estão analisando, com os membros da faculdade, a viabilidade de instalar geradores eólicos na colina em que se localiza o câmpus.

Mais exemplos de inovação no colégio: construir um novo edifício de alto desempenho para a faculdade de administração, que não deve ser só uma escola, mas um modo de pensar e agir que dá exemplo de práticas éticas nos negócios, um entendimento das organizações como cidadãs em suas comunidades e o uso responsável de recursos naturais; fazer parcerias com laboratórios e adegas para estudar e facilitar a transferência de conhecimentos dentro de e entre organizações, além de oferecer a estudantes e à faculdade oportunidades de estágios com líderes de negócios que adotaram práticas e políticas de sustentabilidade. Outras iniciativas foram o festival de filmes sobre o meio ambiente e a criação de programas de desenvolvimento regional.

A longa história de pragmatismo e inovação da instituição forneceu um canteiro fértil para o crescimento da iniciativa da sustentabilidade, que ajudou a facilitar a integração da educação liberal com estudos profissionais.

Esse artigo de Bardaglio (2005) mostra que um ambiente propício permite que o empreendedorismo floresça em praticamente qualquer área de atuação humana, não se restringindo às ciências humanas aplicadas e, mais especificamente, à administração de empresas, sendo a interdisciplinaridade um de seus pontos altos.

QUESTÕES SOBRE EMPREENDEDORISMO

1. Comente as principais áreas em que o empreendedorismo está sendo aplicado.
2. Descreva um caso de empreendedorismo na sua região.
3. Dos exemplos citados sobre empreendedorismo no mundo, quais seriam aplicáveis ao Brasil? Por quê?

RESUMO

Este capítulo trata das diferenças entre empreendedor, empresário e burocrata, destacando que o primeiro é aquele que busca oportunidades e inova, o segundo é quem administra uma empresa existente, e o terceiro, aquele que se limita a seguir regras escritas e a exigir que os demais as sigam.

O empreendedor apresenta muitas características e traços de personalidade que o distinguem dos demais, porque ele é diferente: busca oportunidades onde outros não as vêem, arrisca-se moderadamente (apesar de alguns autores o considerarem um aventureiro), gosta de controlar tudo, trabalha muito, procura novas formas de fazer produtos ou prestar serviços, é otimista, entusiasmado, espera resultados a longo prazo, mas não é um super-homem, enfrentou problemas na infância, teve lacunas na educação e encontrou dificuldades para implementar suas idéias.

O empreendedorismo como campo de estudo surgiu com esse nome no século XVIII, apesar de ser praticado há mais de 3 mil anos, pelos comerciantes da Antigüidade, cujas viagens de negócios duravam anos, pois usavam meios de transporte lentos. As teorias a seu respeito surgiram nos anos 1980, tendo sido deixado para estudiosos da área de ciências humanas, pois os economistas das escolas austríaca e neoclássica não chegavam a um acordo sobre o empreendedor e o uso que fazia de informações.

Posteriormente, o empreendedorismo foi pesquisado em vários segmentos – empresas (seu nascedouro), instituições de ensino (como campo de estudo e disciplina), etnias específicas, gênero (homens e mulheres – menos estudos nessa última área), área social (pesquisas em crescimento) –, mostrando sua importância em um momento de troca acelerada de informações de todo o tipo, desemprego estrutural e inovação cada vez mais rápida. Nos textos apresentados, nota-se sua ampla aplicação em serviços.

O assunto ainda oferece um amplo campo de pesquisa, pois mesmo empreendedores sem os atributos que os caracterizam podem ser bem-sucedidos, dependendo do ambiente, do setor em que vão atuar, de sua personalidade e outros fatores.

QUESTÕES DE REVISÃO

1. Quais são os traços de personalidade que identificam um empreendedor?
2. Como se diferencia o empreendedor do líder?
3. Como surge o líder dentro da empresa?
4. O indivíduo nasce líder ou aprende a sê-lo? Comente.
5. Empreendedorismo pode ser ensinado? Todos os que estudam se tornam empreendedores? Justifique sua opinião?
6. Quais são as condições sob as quais o indivíduo se torna empreendedor?
7. Por que as organizações necessitam de líderes?

QUESTÕES PARA REFLEXÃO

1. Ao fazer um curso de graduação, você considerou a alternativa de ser seu patrão?
2. Entre os empreendedores com que teve contato, quais os são por vocação e quais se tornaram por necessidade?
3. Em seu círculo de relacionamentos, quantos líderes você conhece? No que eles se parecem ou se diferenciam?
4. Considerando a amoralidade da liderança, descreva o perfil de um líder moral e de um imoral.

REFERÊNCIAS BILIOGRÁFICAS

ALLAHAR, A. Ethnic entrepreneurship and nationalism in Trinidad; afrocentrism and Hindutva. *Social Economic Studies*, v. 53, n. 2, p. 117, jun. 2004. Disponível em: http://proquest.umi.com/pqdweb? Acesso em 11 out. 2005.

ANTONCIN, B.; HISRICH, R. Corporate entrepreneurship contingencies and organizational wealth creation. *The Journal of Management Development*. Bradford, v. 23, n. 5/6, p. 518, 2004. Disponível em: http://proquest.umi.com/pqdweb? Acesso em 11 out. 2005.

ARTHUR Rock Center for Entrepreneurship. Entrepreneurship with a difference. Disponível em: http://www.hbs.edu/entrepreneurship/overview.html. Acesso em 11 out. 2005.

__________. The top ten mistakes that entrepreneurs make. Disponível em: http://www.hbs.edu/entrepreneurship/overview.html. Acesso em 11 out. 2005.

AULETE, C. *Minidicionário contemporâneo da língua portuguesa.* Rio de Janeiro: Nova Fronteira, 2004.

BARDAGLIO, P. W. *Sustainability thinking and entrepreneurship*: a case study. *Peer Review.* Washington, v. 7, n. 3, p. 18, primavera de 2005. Disponível em: http://proquest.umi.com/pqdweb? Acesso em 11 out. 2005.

BOTTONI, F. Orgulho que não pára de crescer. *Guia Você S/A Exame.* As 150 melhores empresas para você trabalhar. São Paulo: Abril, 2005.

CASSON, M. *The entrepreneur.* An economic theory. 2. ed. Cheltenham, UK: Edward Elgar, 2003.

DORNELAS, J. C. A. *Empreendedorismo*: transformando idéias em negócios. Rio de Janeiro: Campus, 2001.

DRUCKER, P. F. *The age of discontinuity* – Guidelines to our changing society. Nova York: Harper and Row, 1965.

__________. *Fator humano e desempenho.* São Paulo: Pioneira, 1981.

__________. *A nova era da administração.* 4. ed. São Paulo: Pioneira, 1992.

ETEMAD, H. Entrepreneurial internationalization or international entrepreneurship (guest editor's introduction). *Management International Review.* Wiesbaden, v. 45, p. 3-11, 2005. Disponível em: http://proquest.umi/pqdweb? Acesso em 11 out. 2005.

FERREIRA, A. B. de H. *Pequeno dicionário brasileiro da língua portuguesa.* 10. ed. Rio de Janeiro: Civilização Brasileira, 1960.

KAO, J. J. *Entrepreneurship, creativity & organization*: texts, cases, and readings. Englewood Cliffs, NJ: Prentice Hall, 1989.

KWASNICKA, E. L. *Introdução à administração.* 5. ed. rev. amp. São Paulo: Atlas, 1995.

LAMBRANHO, L. O brilho da ousadia. *Revista empreendedor,* ano 8, n. 93, p. 20-30, jul. 2002.

LONGENECKER, J. G.; MOORE, C. W.; PETTY, J. W. *Administração de pequenas empresas.* São Paulo: Makron Books, 1997.

MICHAELIS. *Pequeno dicionário da língua portuguesa.* São Paulo: Melhoramentos, 1998.

MINTZBERG, H.; AHLSTRAND, B.; LAMPEL, J. *Safári de estratégia*: um roteiro pela selva do planejamento estratégico. Porto Alegre: Bookman, 2000.

NEARCHOU-ELINAS, L.; KOUNTOURIS, J. S. Women entrepreneurs in Cyprus; a new dynamic in Cyprus economy. *Women in Management Review.* Bradford, v. 19, n. 56, p. 325, 2004. Disponível em: http://proquest.umi.com/pqdweb? Acesso em 11 out. 2005.

ROBBINS, S. P. *Managing today!* 2. ed. Upper Saddle River, NJ: Prentice Hall, 2000.

ROBBINS, S. P.; DECENZO, D. A. *Fundamentos de administração* – Conceitos essenciais e aplicação. 4. ed. São Paulo: Prentice Hall, 2004.

ROQUE, J. R. R. *Desafios empresariais.* São Paulo: Renovarum, 1999. v. I.

SAIKOVITCH, V. L. *O uso estratégico da Internet pelas livrarias brasileiras.* São Paulo, 2000, 224p. Tese (Doutorado) – Faculdade de Economia, Administração e Contabilidade, Universidade de São Paulo.

SANTOS, S. A. dos. *A criação de empresas industriais.* A figura do empreendedor e a influência da tecnologia no processo. São Paulo, 1983. 203p. Tese (Doutorado) – Faculdade de Economia, Administração e Contabilidade, Universidade de São Paulo.

THOMÉ, C. Nas ruas, soluções criativas e lucrativas. *O Estado de S.Paulo,* 16 abr. 2006, p. C8. Cadernos Cidades/Metrópole.

VENTURI, J. L.; LENZI, F. C. *Desenvolvimento gerencial* – Da teoria acadêmica para a prática empresarial. Rio do Sul: Nova Era, 2003.

WINFIELD, I. Fostering social entrepreneurship through liberal learning in the social sciences. *Peer Review.* Washington, v. 7, n. 3, p. 15, primavera de 2005. http://proquest.umi.com/pqdweb? Acesso em 11 out. 2005.

ZAHRA, S. A. Entrepreneurial risk taking in family firms. *Family Business Review.* San Francisco, v. 18, n. 1, p. 23, mar. 2005. Disponível em: http://proquest.umi.com/pqdweb? Acesso em 11 out. 2005.

5

Comunicação Interpessoal em Negócios

Margareth Bianchini de Assis Moura

OBJETIVOS DO CAPÍTULO

- Contextualizar o tema comunicação empresarial.
- Apresentar os fluxos de comunicação.
- Mostrar como uma comunicação bem-feita pode gerar vantagens competitivas.
- Apresentar a evolução da comunicação.
- Refletir sobre o papel do comunicador.
- Demonstrar o processo de fluxos da comunicação.

INTRODUÇÃO

Este capítulo procurará agregar valor ao dia-a-dia do comunicador. Como professora, ouço muitas reclamações de meus alunos relacionadas à falta de comunicação nas organizações.

É interessante, porque a primeira coisa que aprendemos ao nascer é nos comunicarmos de acordo com nossas necessidades. Ou seja, se precisamos ser trocados ou estamos como fome, emitimos sons que fazem que nossa mãe identifique o que precisa ser feito. Não usamos uma bela oratória, tampouco a escrita. Por que será que perdemos essa habilidade quando crescemos?

A proposta deste capítulo é transmitir um pouco de experiência de teoria e prática para que você, leitor, possa fazer uma reflexão sobre como está sua comunicação.

Como a comunicação engloba todos os aspectos da vida, faremos um exercício que identificará como está sua comunicação nos negócios, utilizando os sentidos.

Relembrando o processo de comunicação

O processo de comunicação é composto por alguns elementos, que são:

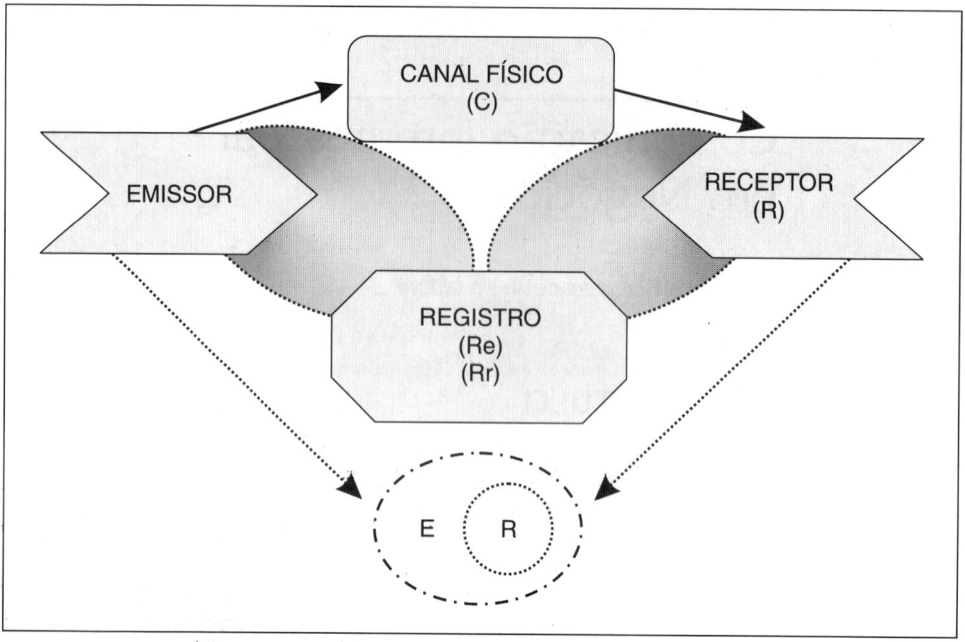

Figura 5.1 Elementos do processo de comunicação.

Em comunicação, existe o emissor (E), que estabelece ligações com o receptor (R), utilizando os canais físicos. Para que uma comunicação seja eficiente, os registros, tanto do emissor quanto do receptor, devem se aproximar. Ou seja, quando estamos emitindo uma mensagem, temos de saber *para quem* a estamos enviando. Quando esses registros se bifurcam, a comunicação fica clara.

Ou seja, não adianta nada somente o emissor ser um bom comunicador; o receptor deve ter aptidões para receber a comunicação. É evidente que o emissor deve conhecer seu público para saber em qual linguagem ele realizará a comunicação.

Das habilidades da comunicação, duas pertencem à área de codificação – *a escrita* e *a palavra* –, duas estão na área de decodificação – *a leitura* e *a audição*; já *o pensamento* é a habilidade que atende tanto a área de codificação como a de decodificação.

Uma variável importante, que não se pode deixar de lado, é como se realiza o ato comunicativo.

O tom positivo sempre possui mais chances de ser bem-aceito. O nível de conhecimento de comunicadores e receptores também tem muita importância, e aqui não estamos falando de domínio temático, mas de capacidade de entendimento.

Por mais óbvias que as coisas possam lhe parecer, nem sempre elas são aos outros, portanto "desça" o nível de sua linguagem para ser compreendido por quem tem necessidade de uma linguagem mais simples.

5.1 QUAL SERÁ O OBJETIVO DA COMUNICAÇÃO?

Produzir aceitação, gerar consentimentos, fazer-se entender – nem sempre nos comunicamos eficientemente de fato. Quer saber por quê? Vamos falar um pouco sobre fluxos de informações.

Os processos de comunicação ocorrem em três fluxos e duas direções.

FLUXOS	DIREÇÕES
FLUXO DESCENDENTE FLUXO ASCENDENTE FLUXO LATERAL	VERTICAL HORIZONTAL

Figura 5.2 Fluxos de comunicação.

Alguns autores chegam a citar um quarto tipo de fluxo – a comunicação diagonal –, pois existe uma troca de comunicação entre líderes que tomam decisões, porém não se localizam sobre o mesmo plano de hierarquia na organização.

Hersey e Blanchard destacam que a organização lida com três grupos de variáveis para obter sua eficiência organizacional. No primeiro, estão as variáveis causais, como, por exemplo, a estratégia de liderança, as habilidades, o comportamento e as decisões da administração, os programas e a estrutura da organização. O segundo envolve as variáveis de ordem intervenientes, que representam a condição atual do estado interno e se refletem em capacidades como motivações, comunicações, capacidades de interação. O terceiro abrange as variáveis de produção, custos, vendas, lucros.

No fluxo da *comunicação descendente*, as mensagens saem do topo decisório e descem até as bases.

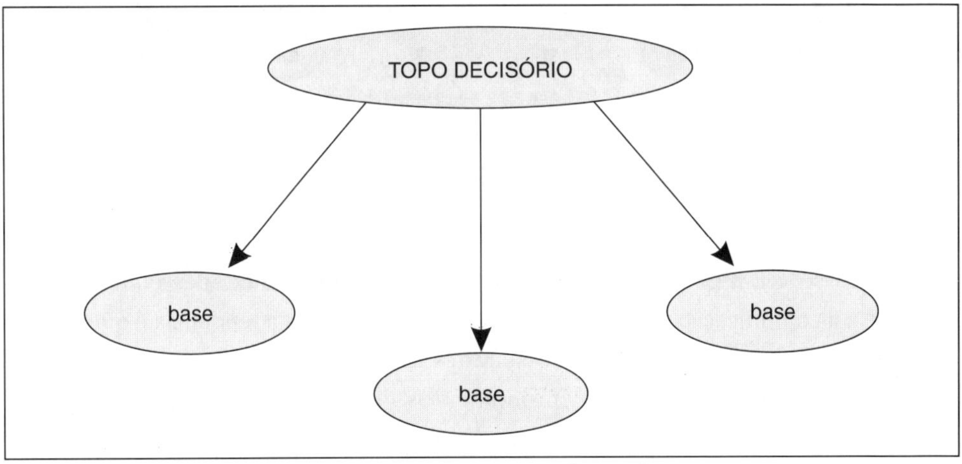

Figura 5.3 Comunicação descendente.

Doutrinação sobre metas, procedimentos, práticas organizacionais são algumas mensagens desse fluxo, cujo objetivo é assegurar o desempenho correto de cada papel em todas as posições nas organizações.

Ocorre um erro gravíssimo nesse canal de comunicação, que é a falha na retroalimentação do topo para a base.

Mesmo nas organizações que utilizam a avaliação de desempenho, há uma negligência na retroinformação.

Aqui, vale lembrar que as pessoas são diferentes e, conseqüentemente, seus processos de entendimento também; logo, quando emite suas mensagens, o topo decisório o faz de uma maneira geral para atingir a todos, causando embaraços nas significações e gerando ruídos.

Por isso, existem as interpretações ao nível sociodepartamental, por meio dos gerentes ou supervisores, que normalmente são os líderes de opinião que podem "traduzir" a mensagem encaminhada.

Desse modo, a figura anterior recebe uma "camada" no meio, como podemos ver a seguir:

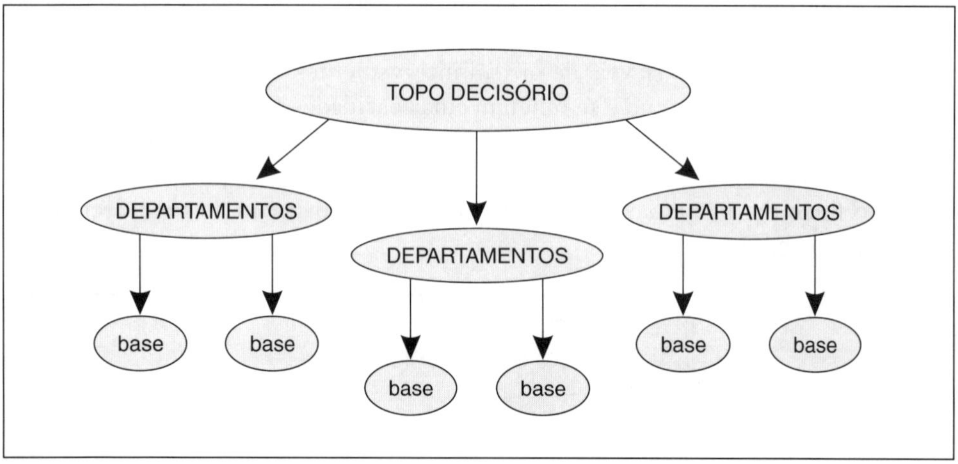

Figura 5.4 Comunicação descendente.

A nosso ver, a grande quantidade de comunicação no fluxo descendente inibe e bloqueia a comunicação, pois, como não pode subir ao topo, a tendência é que ocorra a comunicação lateralmente, criando-se redes informais de comunicação.

Essas redes operam muito em momentos de crise, baixam a produtividade, reduzem a motivação e aumentam a tendência das mensagens equivocadas, construindo verdadeiros focos de tensão e alterando o comportamento das pessoas.

A melhor maneira de esclarecer o que a "rádio-peão" fala é comunicar, comunicar e comunicar. Ou seja, enquanto você, líder, não reunir sua equipe e esclarecer o que está acontecendo, o colaborador vai imaginando o que quiser e, o pior, vai transmitindo essa informação que ele inventou. Uma dica: como é impossível falar com todos ao mesmo tempo, peça que a área de comunicação, ou de eventos, de sua empresa organize manhãs de contato com seus líderes, em cafés da manhã. Essa área será responsável por convidar os líderes de cada setor. Se a organização em que você atua é muito grande, isso deverá ser feito por etapas. Procure convidar, no máximo, 12 pessoas por vez. O convite deverá ser feito com o intuito de colocar a "prosa" em dia. Com isso, haverá perguntas dos liderados e surgirá uma brecha para que o esclarecimento seja feito. As dúvidas se dissiparão, os colaboradores da base perceberão um movimento diferente, e a "rádio-peão" diminuirá seu papel. Caberá ao líder que participou do café da manhã convocar sua equipe e esclarecer alguns dos mal-entendidos que possam ter surgido.

Já no fluxo de comunicação ascendente, a comunicação vai da base para o nível superior, com o intuito de transmitir informações que servirão de controle no futuro.

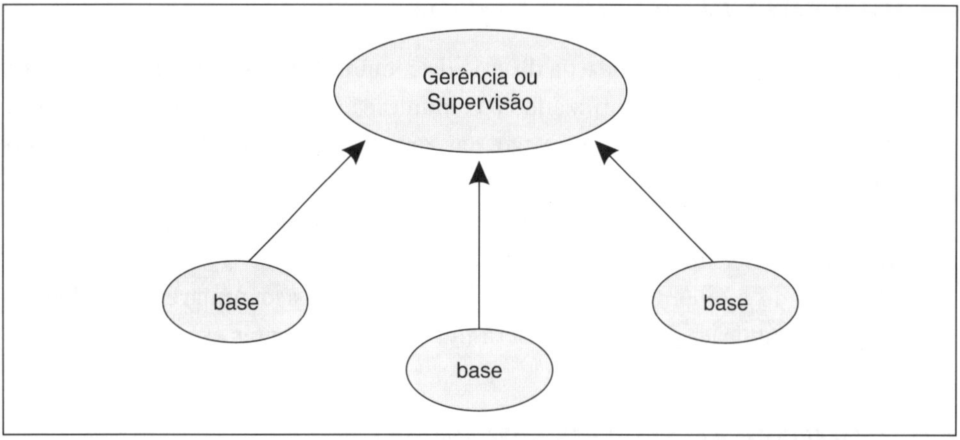

Figura 5.5 Comunicação ascendente.

Porém, ela nem sempre é realizada, pois os funcionários acabam se sentindo "oprimidos", envergonhados de realizar uma comunicação a seus superiores; ou seja, eles só falam o que lhes é perguntado.

A *comunicação horizontal* permite um entrosamento maior nos grupos de pares que ocupam a mesma função. Em organizações que mantêm uma hierarquia mais rígida, percebe-se a comunicação como propriedade secreta entre grupos de confiança.

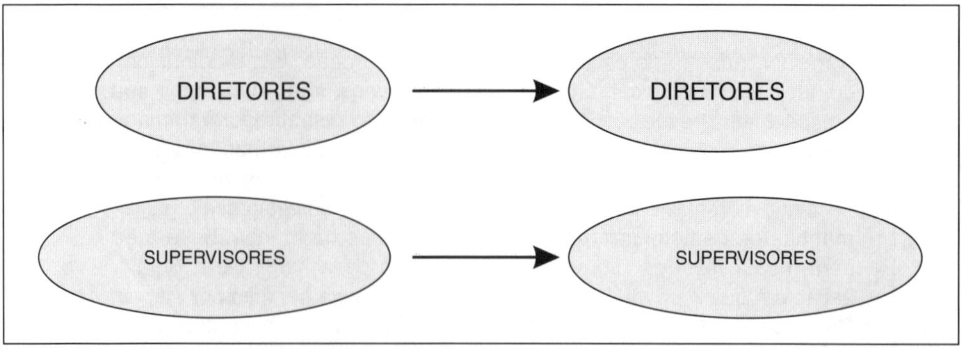

Figura 5.6 Comunicação horizontal.

Em nenhuma outra área, o setor tecnológico está produzindo maior impacto no local de trabalho que na área de comunicação. Telefone celular, Internet, aparelho de fax e correio eletrônico reduzem tanto a necessidade como a quantidade de viagens de executivos.

5.2 COMO SABER QUAL É O TIPO DE FLUXO DE COMUNICAÇÃO MAIS EFICAZ?

Vai depender do tipo, do volume e da direção da comunicação para constituir o centro de excelência organizacional, utilizando a comunicação como vantagem competitiva.

Ocorre que as pessoas que estão nas organizações não têm um profundo conhecimento sobre o assunto. Logo, não poderão definir os fluxos, identificando qual será o mais eficiente e o mais eficaz; então, a comunicação deixa de ter seu processo correto e passa a ser uma desvantagem na organização.

A partir do momento em que os colaboradores se acostumarem a trabalhar no fluxo da comunicação horizontal, será muito difícil reverter essa situação.

5.3 COMUNICAÇÃO INTERPESSOAL

Se formos simplificar, a comunicação interpessoal nada mais é que a comunicação entre as pessoas que estão buscando um mesmo objetivo em um processo comportamental.

São descobertas as variáveis internas de cada colaborador, as relações existentes entre as pessoas envolvidas, suas intenções e expectativas; daí surgem as regras dos jogos interpessoais. As relações são eminentemente horizontais. E, no nível organizacional estas são eminentemente verticais.

As variáveis internas de cada comunicador, as relações existentes entre as pessoas envolvidas, suas intenções e expectativas perante os colaboradores são uma forma de pensar em relações interpessoais.

Na organização, a comunicação interpessoal tem sua importância quando nos lembramos do comportamento mesoorganizacional, ou seja, das pessoas que trabalham em grupos e em equipes. Um grupo consegue produzir mais quando está motivado e, para isso, a comunicação é essencial.

Goleman definiu muito bem a inteligência emocional como a capacidade de dominar as próprias emoções, mas, sobretudo, entendendo as emoções dos outros. Afirmo o mesmo em relação à comunicação interpessoal: procure entender o que lhe dizem, mas sobretudo procure colocar a mensagem de forma que todos os seus ouvintes entendam.

A compreensão verbal, como abordamos no início deste capítulo, está na capacidade da pessoa em entender e usar a linguagem escrita e falada. Muitas vezes, os executivos, tão envolvidos em seus problemas, não vêem os mais simples – como, por exemplo, as dúvidas do colaborador por falta de uma comunicação mais incisiva.

5.4 COMUNICAÇÃO NOS NEGÓCIOS

Estamos falando de comunicação no mundo dos negócios, que, por sua vez, precisa de líderes que emitam informações pelos canais aos receptores certos?

Os executivos, de maneira geral, precisam ter a comunicação e a capacidade de raciocínio como elementos diferenciadores de outras qualidades, já que o raciocínio está ligado a soluções de problemas e não, ao contrário do que se pensa, a valores quantitativos. O que o faz se levantar com vontade de ir trabalhar e buscar soluções para os problemas? É a motivação, a percepção de como você é visto por seus superiores. Veja, no exemplo a seguir, como a comunicação pode interferir na motivação.

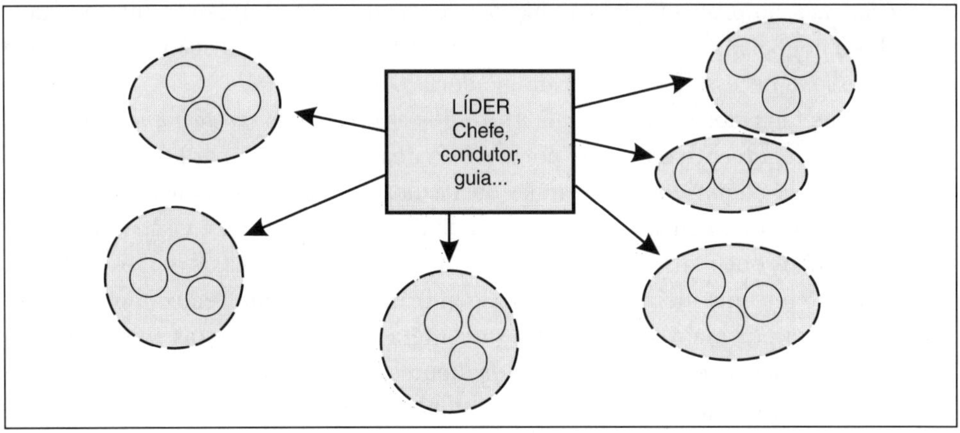

Figura 5.7 Processo motivacional.

Imagine que os círculos maiores são os colaboradores em função gerencial, e os círculos menores os colaboradores indiretos. Os colaboradores dos círculos menores podem imaginar situações irreais. Se o colaborador do círculo maior não estiver muito bem motivado e não receber informações do líder, em vez de esclarecer os ruídos de informações, ele poderá contribuir para a imaginação do colaborador do círculo menor, enfatizando as viagens imaginárias.

Outra situação visível é quando o colaborador do círculo maior – teoricamente aquele que se reporta diretamente à diretoria – acaba não tendo prestígio com o líder imediato: por exemplo, quase nunca é chamado para participar de reuniões, sua decisão é mínima perante ações, suas idéias não são aceitas e ele quase sempre sofre boicotes. Se esse profissional ficar somente com serviços burocráticos, provavelmente toda a equipe ficará desestimulada.

A percepção de satisfação de alguns colaboradores em relação à organização em que atuam está intrinsecamente ligada à quantidade e à qualidade de informação/comunicação que é recebida.

Ou seja, a organização mantém uma comunicação aberta, transparente de credibilidade? O trabalho é estimulante, o colaborador consegue obter novas habilidades? Existe acesso às tomadas de decisões? Oportunidades para cargos gerenciais? Oportunidades de progressos? Por último, mas não menos importante, a comunicação com seu líder tem efeito? Ou seja, você consegue colocar suas "frustrações"/solicitações e elas são atendidas? Ou a comunicação é feita em mão única, em que só você se comunica?

Qual será a percepção que sua equipe tem de você? Da importância do seu papel na organização? Percepção é o processo pelo qual os indivíduos selecionam, organizam, armazenam e recuperam informações.

Você já passou pela situação de estar diante do cliente e esquecer o último volume de compras que ele fez com você? Pois é, essa questão não está só ligada à memória, mas, ao processo de percepção, que, via de regra, cuidamos muito pouco.

Para negociar, é preciso saber se comunicar, para que essa ação seja realizada com sucesso, é necessário se valer da memória.

Vamos falar dos sentidos mais utilizados em negócios: *visão* e *audição.*

O treino perceptivo abre as portas dos canais sensoriais para que o conhecimento possa ser adquirido sem grandes obstáculos. Se não vê nem ouve direito, você terá seu sistema de retenção comprometido. Falamos em audição e visão porque, em negócios, são os que mais usamos, mas vale a mesma regra para os outros sentidos.

Para se ter uma idéia da retenção de informação, quando realizamos a comunicação escrita por meio de um texto, somente a primeira parte (as seis primeiras linhas) é feita pelos registros mentais existentes em cada um, pela percepção que cada um tem. Ou seja, o destinatário acumula a nova informação com a antiga, que já está na memória.

Um texto coerente é aquele cujas diferentes partes contribuem para a montagem de uma nova "cena", e a interpretação textual vai depender dos conhecimentos extralingüísticos que o leitor tem no sistema dedutivo transformando em elementos de enciclopédia nos leitores.

Outra questão importantíssima de que não devemos nos esquecer é como comunicamos as regras e os critérios da organização aos nossos colaboradores. Eles devem ser avisados a respeito dos procedimentos e das conseqüências de sua avaliação. Aqui, ele deve se valer dos sentidos da audição e da visão, para não ter surpresas depois. Cada colaborador deve compreender muito bem os procedimentos tomados após a infração das regras, e você deve checar se estas ficaram bem claras para eles.

Drucker afirma que todo colaborador deve fazer duas perguntas fundamentais. A primeira é: Qual é a informação de que necessito para realizar o meu trabalho: de quem, quando e como? A segunda: Qual é a informação que eu proporciono aos outros a respeito do trabalho que eles fazem, de que forma e quando? Os gerentes precisam estar interligados a novas ferramentas de comunicação para poder navegar e trabalhar perante metas e objetivos altamente mutáveis no mercado.

5.5 COMUNICAÇÃO COMO VANTAGEM COMPETITIVA

Assim como a falta de comunicação leva o ser humano à desmotivação e à proliferação da comunicação informal (rádio-peão), a organização também tem de se fazer presente ao mercado para reformar cada vez mais a marca. Não há nada pior que estar no mercado há um certo tempo e *prospects* virem sua marca e dizerem que não a conhecem!

No mundo competitivo dos negócios, o reconhecimento da comunicação empresarial é fundamental para sua estratégia. Também é muito comum a organização realizar sua comunicação pela Intranet, a rede interna de comunicações. Ocorre que o volume de informações inserido nessa ferramenta é tão grande, que o funcionário acaba não a consultando, pois considera muita perda de tempo.

Então, como comunicar internamente?

É preciso estabelecer critérios para as informações, ou seja, o que realmente é urgente, importante, ou o que servirá apenas de conhecimento para os colaboradores:

1. O que você está comunicando é importante para aquele público? Trata-se de novas aquisições, mudanças, fusões?
2. Que tal solicitar de cada área, semanalmente, um minirrelatório comunicando mudanças? Por exemplo: metas atingidas pelo setor

(continua)

ou desafios que deverão ser alcançados e a comunicação até como forma de reconhecimento.

3. Mudanças pessoais também deverão constar desse relatório. Sugerimos aqui as informações não tão relevantes à organização, mas que servem de estímulo aos colaboradores, como, por exemplo, o ingresso de um colega em um curso de pós-graduação, casamentos, nascimentos de bebês etc.
4. Programas de recolocações internas: este é um ponto em que quase todas as organizações encontram problemas. Como você anuncia que existe uma nova vaga ou uma nova função aos colaboradores internos? Muitas vezes, as pessoas querem mudar de função para aprender coisas novas, enfrentar novos desafios. A comunicação interna também trabalha com esse quesito, porém deve haver um *feedback*. Os colaboradores só querem saber por que são ou não escolhidos para a vaga, e respostas como "você não preenche o perfil da vaga", hoje em dia, não convencem ninguém. Primeiro, qual era esse perfil? Estava identificado na chamada inicial? Se você indicou a necessidade de outro idioma, explique se deve ser fluente, pois o candidato interno pode contestá-lo ou ainda colocar-lhe em uma "saia justa", questionando em qual aspecto deve melhorar, já que, na percepção dele, a vaga era perfeita para seu perfil. Devolver a informação individualmente a cada candidato seria a melhor maneira de comunicar por que ele não foi o escolhido.

Não podemos nos esquecer de que o terceirizado também deve ser comunicado de fatos importantes que ocorrem na organização. É comum esquecer deles, porém, veja bem o que pode ser colocado, pois um terceiro raramente é exclusivo de sua organização.

Não vamos entrar aqui na questão da comunicação em termos de propaganda da instituição ou de seus produtos, porém gostaríamos de lembrar-lhes que a concorrência está querendo o seu público-alvo, e ser o segundo nem sempre é uma boa estratégia de crescimento no mercado. Um ambiente de desânimo e desinteresse pode ser revertido quando a imagem da organização ganha novos horizontes na mídia.

5.6 REDES DE INFORMAÇÕES

Toda organização que possui uma rede de informações compreende que existe um contato externo com seus clientes e um contato interno com seus funcionários, visando atender o que os consumidores pensam ou querem de seus produtos.

Quando tem um bom plano de comunicação empresarial que leve em consideração a realidade cultural e organizacional da empresa, uma organização pode até mesmo romper um ambiente de deterioração empresarial.

A função da comunicação não é exclusividade dos profissionais de comunicação, mas de todos os que trabalham na organização. É quase como o marketing; quando as pessoas telefonam para a recepção de sua organização solicitando informações, dependendo de como são atendidas, ficam com determinada impressão da organização.

Uma comunicação bem-feita, ou seja, com o tom de voz calmo e bem-educado sempre é percebida pelo cliente. É perceptível quando o cliente é bem-atendido, quando as pessoas que transmitem informações o fazem com a preocupação de o cliente entendê-las.

Comunicação é emoção, é vida, é alegria; portanto, ao comunicar, coloque sentimentos em sua fala. A Figura 5.8 nos mostra que, na comunicação face a face, 7% das palavras obtêm influência sobre os ouvintes, 38% são influenciados pelo modo como as pessoas falam, por meio do tom de voz e da maneira como colocam as situações, e 55% são influenciadas por atitudes e gestos das pessoas, ou seja, pela linguagem corporal.

Vocês já tiveram a oportunidade de observar um cliente devolvendo um veículo alugado que, porventura, tenha quebrado e o deixado na mão? É a pior situação possível – gritos, expressões de raiva, ameaças e escândalos não faltam. O que vai determinar que ele continue usando a marca é como a recepcionista vai receber a informação e devolver o *feedback*. Se ela conseguir ter inteligência emocional e devolver uma comunicação com compreensão do momento pelo qual o cliente está passando, com certeza ele abaixará o tom de voz e falará com calma. Caso contrário, lá se vão ao menos uns 20 clientes, porque a velocidade da mensagem em casos negativos é muito rápida.

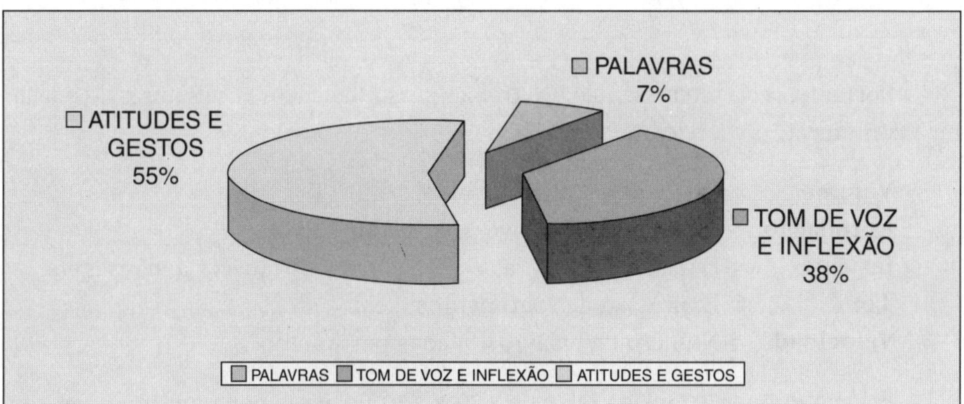

Figura 5.8 Gráfico sobre o comportamento das pessoas em comunicação.

> Deixe as pessoas se expressarem sem ser interrompidas; elas se sentirão respeitadas.

Já na comunicação telefônica *82% são influenciados pelo tom de voz* e *18% por palavras,* uma vez que não vemos os gestos e as atitudes (linguagem corporal).

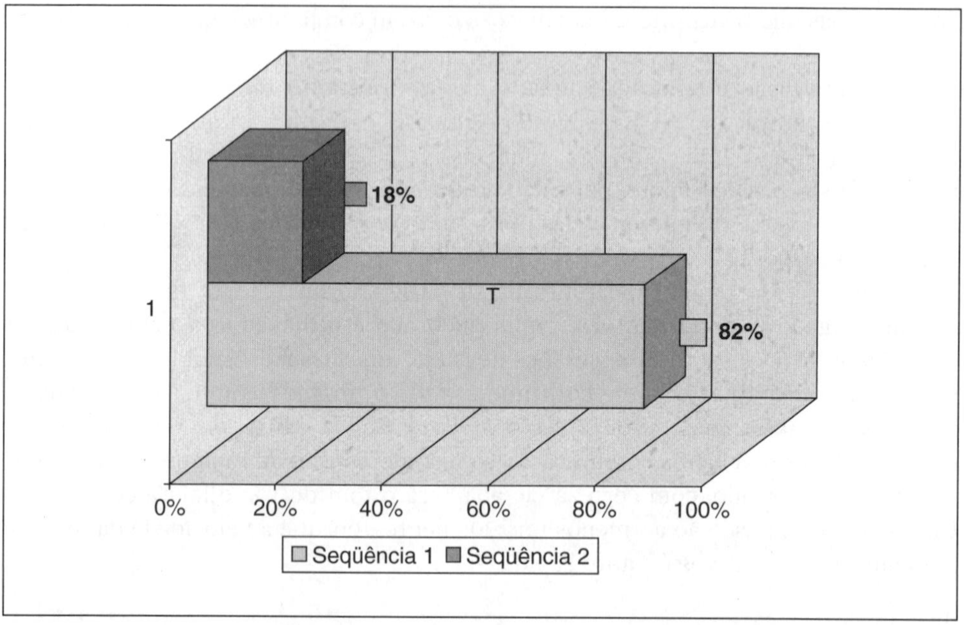

Figura 5.9 Comunicação telefônica.

Portanto, seria interessante você treinar suas qualidades vocais antes de iniciar uma comunicação via telefone.

Volume = Se a voz soa alta ou baixa.
Entonação = Módulo entre graves ou agudos na voz.
Inflexão = Ênfase nas palavras e sílabas para enriquecer a mensagem.
Tom = Expressão de sentimentos e emoções.
Velocidade = Número de palavras faladas por minuto.

É ideal que você consiga falar de 160 a 180 palavras por minuto, assim seu ouvinte não ficará cansado ao se esforçar para armazenar sua comunicação.

5.7 EXERCÍCIO DE COMUNICAÇÃO POR MEIO DA VOZ E DA IMAGEM

Escolha trechos de *folders* da organização. Em uma fita ou CD, grave a leitura de um trecho em voz alta, como se estivesse falando com um cliente. Ouça em seguida a gravação e preste atenção ao volume, à entonação, à inflexão, ao tom e à velocidade de sua voz. Para cada uma das características relacionadas a seguir, marque um X avaliando o que você ouviu. Veja um exemplo na primeira linha.

	1 (pouco)	2	3	4	5	6 (muito)	
Feliz				X			Triste
Não-nasal							Nasal
Lenta							Rápida
Suave							Alta
Neutra							Esganiçada
Grave							Aguda
Monótona							Com altos e baixos

Seria interessante fazer vários testes para avaliar de que maneira sua voz mais lhe agrada. Brinque com a entonação, o volume, o tom e perceba como a comunicação acaba se manifestando de maneira diferente.

Chame dois amigos para ouvi-lo e peça que eles preencham a mesma tabela, para verificar a percepção que eles têm de sua mensagem por meio da voz.

Agora, faça o mesmo teste, porém com a sua imagem. Prepare uma filmadora com controle remoto, marque um espaço no chão, posicione-se nele e filme-se. Depois você poderá verificar como é sua disposição no espaço, se fica "balançando" as pernas para lá e para cá ou fica parado como se estivesse "pregado" ao chão. Enfim, observe tudo e aproveite também para avaliar o conjunto de imagem e som. Com algumas tentativas, você pode perder o medo de falar em público, conseguir maior autoconfiança para se expor em apresentações ou até mesmo melhorar a *performance* de comunicação. É comum o comunicador não respirar para falar, porém as pessoas conseguem assimilar melhor a informação caso você consiga um equilíbrio entre respiração e som.

ESTUDO DE CASO

Vivemos em um mundo de mudanças constantes e inovações cada vez mais aceleradas. Portanto, o maior desafio dos profissionais administrativos estará em gerenciar esse turbilhão de inovações decorrentes desse cenário.

Além de trabalhar muito com a pressão dos termos eficiência e eficácia, o profissional tem de olhar para fora do mercado sob sua ótica.

As ações devem ser desenvolvidas para fora da empresa, ou seja, para o mercado, para o cliente. Nesse paradigma, só se estabelece quem tem competência.

As experiências dos clientes representam a essência da proposta de mudança, é o valor que normalmente está colocado na missão da empresa. A maioria das empresas enxerga as experiências dos clientes como custos adicionais, mudanças em processos que foram programados para atender à grande massa, não como o caminho de crescimento do negócio.

As experiências dos clientes não se limitam à gentileza com eles e certamente não se trata de lhes sorrir com sinceridade. Estas têm a ver com o gostar deles e ganhar muito dinheiro nesse processo.

Grandes experiências mudam a regra da indústria. Tome-se como exemplo a indústria de calçados esportivos, que mudou seu processo de produção para atender à necessidade de seus clientes, produzindo tênis nas cores que eles desejassem e entregando-os em um prazo inferior a 12 dias, uma vez que o produto vinha de fora do país. Isso sim é encantar o cliente.

Pare de seguir as tendências de mercado baseadas somente em dados históricos (isso quando a empresa tem esses registros) e as melhores práticas das indústrias. Inove aplicando novas práticas, ofereça produtos e serviços totalmente novos e impensados. Se um negócio vem dando sinais de claro crescimento, será preciso avaliar por quanto tempo continuará assim. Porém, se conseguir manter o resultado, conclui-se que você ou a equipe podem estar perto dos reais limites. Novos resultados não virão se algo não for feito. Pouco valor será agregado ao negócio se essa equipe não crescer e se modificar.

Esse crescimento não deve ser provocado por um aumento de quadro, mas pela expansão de habilidades, competências, criatividade e sinergia.

A relação profissional também vem passando por uma grande mudança. Fica nítida a importância de cuidar de nossa carreira com atenção, planejamento e carinho, como se fosse um "negócio" próprio – temos de aprender que o mundo atual nos convida para que sejamos empregáveis.

Hoje em dia, é comum dizer que uma empresa está apoiada no capital intelectual humano, nas competências e no desenvolvimento contínuo das pessoas.

Nas organizações, temos profissionais de ambos os sexos. As mulheres conquistaram uma parcela do mercado de trabalho, porém, apesar de capacitadas, demoram muito mais tempo para assumir posições de liderança ou têm salários mais baixos que os homens na mesma função e na mesma organização.

A mulher ganha menos que o homem na mesma função, como comprovam exemplos do Reino Unido (24,3%), da Áustria (21,1%), da Alemanha (19,4%), da Itália (14,3%), da Espanha (13,2%), da França (10,8%) e de Portugal (5,9%).

A mulher tem de provar constantemente que pode ser igual ou melhor que o homem. A cultura organizacional acaba excluindo as mulheres por diversos motivos: geralmente elas não são ouvidas por seus superiores (em comparação com um homem na mesma função), os homens têm dificuldade em aceitar serem supervisionados por líderes do sexo oposto, há uma segregação ocupacional que restringe o acesso à mulher em determinadas funções da empresa, principalmente aquelas compostas por homens.

Além disso, fica muito difícil para a mulher encontrar líderes mentores homens, em função da tênue linha da conotação sexual, o que prejudicaria a carreira de ambos. O mentor é um grande aliado da mulher na organização, pois ele a insere na política organizacional da empresa, explica de que forma esta funciona, além de ajudá-la em seu crescimento organizacional.

A exclusão das mulheres da rede de *networking* formal da empresa prejudica muito sua carreira, pois é por meio dela que os homens sabem dos acontecimentos da organização e o que isso pode provocar em suas carreiras.

Outro fator de exclusão é o medo de que as mulheres engravidem e precisem se afastar; se elas já têm filhos, a preocupação é pelas faltas excessivas para resolver problemas domésticos.

A mulher hoje é independente não só financeira, mas também emocionalmente; logo, ela desenvolve habilidades como a objetividade, a capacidade analítica de saber se estão no caminho certo, a elevada auto-estima e a confiança, além de serem focadas no negócio.

QUESTÕES PARA REFLEXÃO

1. Como é o fluxo de comunicação em seu setor?
2. Hoje existe uma necessidade de trabalhar com equipes coesas e que buscam o mesmo objetivo. De acordo com o texto, qual é sua proposta para melhorar a comunicação entre líderes femininos e masculinos na organização em que você atua?
3. Temos setores diferentes na organização; por vezes, há conflitos entre as pessoas. Vamos imaginar que uma colaboradora de sua equipe tenha se desgastado com uma funcionária de outro setor. Sua colaboradora quis atender o cliente prestando um serviço eficiente e eficaz, entregando-lhe um documento que ele havia requisitado. Infelizmente, a funcionária do outro setor estava ausente e não permitiu que o documento fosse assinado por você, que tem um cargo mais elevado que o dela. Como você agiria nesse caso? Que tipo de fluxo de comunicação utilizaria?
4. Quais são os tipos de informações que você gostaria de receber de seu líder mas que não vem recebendo?

5. As informações que você recebe são importantes e chegam em tempo hábil para que possa tomar alguma decisão?
6. Quais são os tipos de informações que você consulta regularmente? Elas estão atualizadas?
7. Quais são as melhorias mais úteis para ser implantadas na comunicação interpessoal que você poderá sugerir a seu líder?

ESTUDO DE CASO

Verificando a desmotivação dos funcionários de uma determinada empresa, a diretoria resolveu tratar desse caso contratando profissionais competentes para desenvolver uma área de comunicação interna.

Essa equipe desenvolveu um CD-ROM com todos os pontos fortes da organização, por meio do qual cada colaborador que ingressasse na empresa viria a conhecer o que a instituição tinha de melhor em relação aos concorrentes. A equipe convidou todo o corpo gerencial para o famoso café da manhã – denominado "fale com o presidente" –, elaborou eventos para a diretoria e a primeira linha do comando da organização. Mas, passados seis meses, percebeu que os resultados não estavam satisfatórios. Em sua opinião, o que poderia ser realizado ou alterado nesse caso para se obter resultados?

REFERÊNCIAS BIBLIOGRÁFICAS

DRUCKER. P. F. *Managing the non-profit organization*: principles and practices. Nova York: Harper Business, 1992. p. 115.

HERSEY, P.; BLANCHARD, K. H. *Psicologia para administradores de empresas*. São Paulo: EPU, 1986. p. 118-119.

MATTELART, A.; MATTELART, M. *História das teorias da comunicação*. São Paulo: Loyola, 2000. p. 13.

MATOS, G. G. *Comunicação sem complicação* – Como simplificar as práticas de comunicação nas empresas. Rio de Janeiro: Campus, 2004.

REGO, F. G. T. *Comunicação empresarial – Comunicação institucional*: conceitos, estratégias, sistemas, estrutura, planejamento e técnicas. São Paulo: Summus, 1986.

ZUBOFF, S.; MAXMIN, J. *O novo jogo dos negócios*: como entender o que está acontecendo e conquistar os novos consumidores. Rio de Janeiro: Campus, 2003.

6

Criatividade e Empreendedorismo em Negócios

Celso Likio Yamaguti

Nunca ande por caminhos já traçados, pois eles conduzem somente até onde os outros já foram.

Graham Bell

OBJETIVOS DO CAPÍTULO

- Entender o conceito de empreendedorismo e sua aplicabilidade em empresas de todos os portes.
- Compreender o desenvolvimento da criatividade como um processo racional e estruturado.
- Identificar que líderes de mercado têm o empreendedorismo e a criatividade como vantagens competitivas de suas organizações.

INTRODUÇÃO

Em meio a mercados cada vez mais competitivos e seletivos, o empresário deverá desenvolver duas características vitais para sua sobrevivência: o espírito empreendedor e a criatividade na gestão de seus negócios.

As melhorias constantes em seu produto, a implantação de novas tecnologias nos processos operacionais, a preocupação com atendimento ou campanhas promocionais parecem não ser suficientes para combater a concorrência e conquistar o cliente. É claro que isso não quer dizer que esses fatores não sejam mais importantes. Contudo, percebe-se que, cada vez mais, o importante é equacionar de modo *inteligente* e *original* a forma com que esses fatores são desenvolvidos.

O ser humano é ávido por novidades. Nessa perspectiva, o mercado consumidor está sempre receptivo às novas propostas de produtos e serviços. Cabe às organizações apresentar valores e conceitos inovadores que realmente agreguem, a ponto de fazer o cliente convergir para seus interesses.

No âmbito interno, o desafio não é diferente. Apesar de contar com um conjunto de profissionais cada vez mais qualificados, remuneração e benefícios maiores, atualização constante de infra-estrutura ou desenvolvimento de processos de qualidade, a eficiência e a eficácia da equipe não têm proporcionado o retorno necessário. Apesar de a *máquina organizacional* ter sido equipada com peças de primeira qualidade, será fundamental o combustível da motivação, que fará acelerar o motor, e o piloto, que tomará as melhores decisões para ultrapassar seus oponentes. Ayrton Senna surpreendia seus rivais não por causa do equipamento que pilotava, mas pelas formas diferentes de fazer as curvas e promover as ultrapassagens. Surpreendia pilotos e público pela forma arrojada, inteligente e criativa em suas decisões.

O leitor perceberá, neste capítulo, que, na verdade, empreendedorismo e criatividade são fatores que se complementam, e um não consegue existir sem o outro. Ou seja, não é possível ser empreendedor sem uma boa dose de criatividade, como também a criatividade será em vão se não houver espírito empreendedor para colocar uma nova idéia em prática.

6.1 O FASCÍNIO PELO NOVO

É incrível o brilho nos olhos de um bebê quando consegue dar os primeiros passos sem a ajuda dos pais. É repleto de satisfação o sorriso da criança que se equilibra sobre as duas rodas da bicicleta, sem a ajuda das rodinhas de apoio. A emoção é plena quando o jovem chega à idade adulta e recebe as chaves do primeiro automóvel, que simboliza várias outras conquistas significativas, além do próprio bem material.

Muitos consideram essas fases as mais importantes ou marcantes na vida de um cidadão, em qualquer parte do planeta civilizado. E depois disso? Bem, aí os dias vão se passando, vem a rotina, aumentam os problemas e só resta pensar na aposentadoria! A vida fica triste.

A sociologia, a filosofia, a psicologia e a pedagogia explicam com muita facilidade esse processo. Quando se é criança e jovem, o volume de descobertas e conquistas é imenso, o que torna cada realização muito prazerosa. Na vida adulta, a carga de responsabilidades e a "necessidade" da rotina "aprisionam" as pessoas em processos repetitivos, cansativos e frustrantes.

Sob essa perspectiva, observam-se nas organizações, de qualquer porte e setor não só funcionários desmotivados, mas também líderes totalmente apáticos.

É vital criar mecanismos e ambientes que reacendam a chama de descobertas e criações. O dia-a-dia deve ser construído por vários aprendizados e realizações, em que o prazer deve estar sempre presente.

6.2 DEFINIÇÕES E CONCEITOS SOBRE EMPREENDEDORISMO

Muitos estudos sobre a matéria definem que empreendedorismo é uma característica do profissional que tem a capacidade de criar, modificar e melhorar um empreendimento inovador.

Peter Drucker afirmava que empreendedorismo seria um tipo de comportamento e não um traço de personalidade.

É importante deixar bem claro que, para um indivíduo ser empreendedor, não é necessário que ele tenha um negócio próprio. Trata-se, então, de uma postura profissional, seja você o proprietário de uma empresa, seja o funcionário de uma organização.

Para entender o conceito de empreendedorismo neste trabalho, vamos ilustrar com um exemplo:

> O sr. Oswaldo inaugurou uma nova quitanda em seu bairro, na qual vende frutas, verduras e legumes. A equipe é formada por ele, a esposa e dois ajudantes. Todas as segundas e quintas-feiras, eles efetuam compras na central de abastecimento e aguardam os moradores do bairro consumirem a carga da semana. Para combater seus maiores concorrentes, o hipermercado local e a feira livre, o sr. Oswaldo procura praticar um preço médio e confiar na qualidade de seus produtos.

Nesse breve contexto, o sr. Oswaldo pode ser considerado um empreendedor? Definitivamente, não é muito simples responder a essa questão. Para aqueles que defendem que todo empresário, pela simples iniciativa de abrir uma empresa, já é um empreendedor, ele pode ser considerado como tal. Por outro lado, considerando-se que a postura empreendedora surge da característica do profissional que tem a capacidade de criar, modificar e melhorar um empreendimento inovador, o sr. Oswaldo pode não receber essa denominação. Isso porque ele está longe de uma prática inovadora, apostando em uma postura conservadora e passiva ante o público e a concorrência, com estratégias de preço médio, estoques predefinidos e sem agregação de qualquer diferencial no que oferece.

Em contraste à quitanda, veja o exemplo da barraca do David:

Doce Marketing[1]

> Se você está pensando em mandar alguém da sua empresa fazer um curso de marketing avançado, considere a hipótese de enviá-lo para um estágio na Avenida Presidente Wilson, em frente ao prédio da Academia Brasileira de Letras, no Centro do Rio de Janeiro. É lá que fica a barraca do David, um camelô que há 14 anos vende balas e doces.
>
> David Mendonça, 45 anos, já é uma figura conhecida: saiu até em coluna social e foi entrevistado no programa do Jô Soares. O que muita gente não percebe é que ele

[1] Texto extraído da revista *Exame*, edição de 9 de agosto de 2000.

não é só uma figura pitoresca, mas também um curso de marketing ambulante. Pois não é que sua barraca tem fila de clientes, depois do almoço, enquanto dois concorrentes, na mesma calçada e a menos de 50 metros, ficam às moscas? Algumas lições de David podem servir também para as grandes empresas:

1. David conta piadas, faz *show*, sabe o nome da metade dos fregueses, põe apelido nos produtos e promove promoções relâmpago. As balas de tamarindo ficam na "sobreloja". Ou seja, o teto da barraca. Bananadas ficam no setor C – que é qualquer parte da barraca, depende do dia. "Eu sempre faço uma gracinha, que é para ilustrar o ambiente".
2. O cliente sempre tem razão. Se você procura uma bala que ele não tem, David oferece outra com 20% de desconto. Ou de graça. "O cliente leva o produto de graça hoje, mas vai voltar 500 vezes", diz. Pacote de biscoito aberto? Chocolate com gosto esquisito? Ele devolve o dinheiro ou troca por outra coisa. *Yes*, não tem problema. *Thank you very much. See you tomorrow. Have a nice day.* Assim mesmo, em inglês. E todo mundo acha graça.
3. David confia nos fregueses. Tem mais de 900 reais para receber. Ele não cobra nunca. Mas, quando alguém paga, faz uma festa. "Opa! Chama o departamento de crédito (um caderno de espiral velho, pequeno, todo rabiscado), vamos tirar o nome da moça do SPC!", diz.
4. Publicidade e propaganda: toda semana, ele sorteia brindes. Já fez rifa de bicicleta, televisão e cestas de café da manhã. Uma próxima promoção será um fim de semana em um hotel-fazenda de Teresópolis, região serrana do Rio. Os sorteios são aos domingos, na Rádio Carioca. Detalhe: não é preciso comprar nada para participar do sorteio. "Isso é bom para conquistar nova clientela e agitar a barraca", diz.
5. David ouve os clientes. Foi assim que ele descobriu um fenômeno: a fome das 3 da tarde. Justo na hora em que as pessoas não podiam sair do trabalho. "Eu perdia uns 30% das minhas vendas", diz. Para abocanhar esse mercado, inaugurou um serviço de entrega. Começou recebendo pedidos pelo Teletrim, passou a usar o telefone público perto da barraca e acabou comprando um celular. Hoje, tem até uma página na Internet. Feito o pedido, o irmão de David leva a mercadoria aos escritórios da região. David recebe uma média de 30 *e-mails* por semana, com sugestões e comentários. Responde a todos, com a ajuda do filho. Sim, porque David, que não terminou o primeiro grau, não entende nada de computadores.
6. David paparica os potenciais fregueses. No Dia das Mães, distribuiu mais de 500 bombons. No Dia dos Namorados, deu minichocolates Talento para as "namoradas da barraca".

David certamente vale um curso de marketing. Só é preciso um cuidado: não engordar muito enquanto aprende.

Maira da Costa, que ganhou um bombom
Serenata de Amor ao terminar a reportagem.

Essas práticas vitoriosas levaram David a diversificar suas atividades como palestrante a empresários e universitários, o que lhe rende uma receita adicional de cerca de R$ 20 mil mensais.

É interessante notar que ele, que nunca cursou uma faculdade, acaba por utilizar ferramentas e conceitos valiosos da área de gestão e marketing. Pode-se creditar esse fenômeno à sua postura empreendedora e criativa, que se desenvolve independentemente da necessidade de uma formação acadêmica tradicional.

A diferença principal e determinante entre o sr. Oswaldo da quitanda e o David da barraca de doces são as diferentes posturas em relação à gestão de suas organizações e na forma de se relacionar com o mercado. Os dois têm seus negócios próprios, porém um é empreendedor e o outro espera ser aceito pelo mercado.

6.3 A CRIATIVIDADE É UMA HABILIDADE NATA OU PODE SER DESENVOLVIDA?

Essa discussão é o foco de educadores, filósofos, psicólogos e profissionais de RH no mundo inteiro. Mas, pelo fato de a discussão ser interminável, entende-se que existem tanto pessoas com essa habilidade desenvolvida desde a tenra idade quanto aqueles que conseguem estruturar essa capacidade em função de uma necessidade ou situação específica. Ou seja, todos somos criativos!

A criatividade pode ser desenvolvida de várias maneiras. Entre elas, a mais nobre é a vontade de o ser humano realizar seus sonhos e promover profundas mudanças no mundo em que vive.

Santos Dumont vislumbrou que o ser humano poderia se deslocar de uma forma mais rápida e empreendeu a construção de sua máquina voadora. Gutenberg desejou massificar a leitura e procurou novas formas de produção de livros. Bill Gates sonhou, um dia, que todos os cidadãos poderiam ter um computador pessoal em suas residências para proporcionar melhorias na qualidade de vida e conseguiu promover uma verdadeira revolução no comportamento humano.

A rotina e as preocupações do dia-a-dia tornam-se venenosas ao processo de construir sonhos. Da mesma forma que o ser humano necessita dormir para produzir sonhos, o empresário precisa saber criar seu espaço de relaxamento e reflexão para deixar fluírem os sonhos profissionais. Uma pessoa que não sonha não vive. Um empresário que não sonha morre.

6.4 AS EMPRESAS QUE NECESSITAM DE SOLUÇÕES CRIATIVAS

O número de concorrentes aumenta, e a margem de lucro vem diminuindo. Só com esses dois fatores, uma empresa se vê na necessidade de se reinventar para se adequar ao novo meio. Alguns ficam totalmente perdidos, sem saber o que fazer. São sintomas típicos do poder criativo reduzido.

Para driblar essa situação, alguns pequenos e microempresários têm aplicado idéias criativas no setor de atendimento e relacionamento com o cliente. Trata-se de uma fórmula com resultados interessantes, porque o principal objetivo é desenvolver o atendimento atencioso que consegue fazer o cliente perceber que o volume de valores e benefícios é bem maior que seus custos percebidos.

O meio empresarial desafia os executivos constantemente com problemas cada vez mais complexos que exigem resoluções inovadoras. Métodos e receitas antigos mostram-se ineficazes perante a dinâmica mutação das variáveis ambientais do mercado, como, por exemplo, novas legislações, novos concorrentes e a exigência cada vez maior dos consumidores.

Nesse contexto, as organizações precisam ter, em suas equipes, profissionais com a capacidade de resolver problemas. Essa habilidade vem sendo cada vez mais valorizada em um processo de seleção que, até então, tinha fatores como formação acadêmica ou quantidade de idiomas estrangeiros como diferenciais de um candidato a um emprego.

6.5 FATORES QUE INIBEM A CRIATIVIDADE NAS EMPRESAS

O processo criativo normalmente promove mudanças. Propõe alterar o que vinha sendo feito e que não produz a satisfação desejada. Mudar um processo na organização é imediatamente percebido pelas pessoas como um incômodo: o de sair da "zona de conforto". O "novo" traz incertezas e riscos. A mesma organização que necessita e exige soluções a seus problemas é a primeira a criar dificuldades para que novidades a tirem da rotina normal.

Segundo Pedrebon (2005), existem sete fatores principais considerados "inimigos" da inovação na empresa:

1. *Excesso de normas* – As organizações procuram criar regras para todas as suas operações, incluindo tentativas de soluções aos problemas que podem surgir. Essa postura inibe soluções alternativas e, principalmente, a iniciativa pessoal dos membros da equipe em propor novas formas de resolver os problemas.
2. *Estratégias rigidamente frontais* – As empresas são muito previsíveis ao enfrentar seus concorrentes, por meio de ataques diretos. Assim, esquecem-se de inovar, de forma inteligente, suas ações ofensivas para surpreender seus oponentes.

3. *Postura séria e contida* – Trata-se das culturas organizacionais que pregam a seriedade e a sisudez como símbolo de eficiência da corporação. Contudo, essa atmosfera monitora e policia o funcionário; além disso, mostra-se totalmente contrária à possibilidade de um ambiente mais agradável que permita às pessoas liberdade de criação.
4. *Estrita obediência a números* – O excesso da racionalidade, que exige argumentações fundamentadas em dados numéricos para a tomada de decisão, inibe o uso de estimativas e intuição nas sessões de análise e definição. O raciocínio lógico pode provocar certas miopias na análise e impede a entrada de discursos mais subjetivos.
5. *Segmentação total de processos* – O sistema taylorista determina o fluxo de operações e informações de uma empresa, de uma forma linear e avessa à possibilidade de alteração da ordenação determinada. Assim, os departamentos e seus membros ficam impedidos de trafegar mais livremente, o que causa falta de integração, elemento essencial para a construção de inovações.
6. *Obediência cega ao consenso* – A decisão por consenso traz segurança e comprometimento dentro da equipe, entretanto se transforma em uma poderosa barreira para autorizar soluções alternativas para os problemas. O consenso sempre penderá para o tradicional e o conservador.
7. *Cultura da segurança total* – São os ambientes em que se prefere assumir o prejuízo calculado que partir para uma solução que possa trazer lucratividade com riscos maiores.

6.6 TÉCNICAS QUE ESTIMULAM A CRIATIVIDADE NAS EMPRESAS

Considerando o tópico anterior, fica claro que qualquer técnica de estímulo à criatividade não terá resultados positivos caso o ambiente não esteja propício a aceitar mudanças e promover o lançamento de novas idéias.

Os processos produtivos ortodoxos não são os melhores ambientes para o estímulo da criatividade de seus funcionários. Prova disso é que muitas empresas deslocam seus funcionários para ambientes totalmente diferentes da rotina organizacional, como hotéis-fazenda, clubes ou retiros, para a concentração e o aprofundamento de dinâmicas que estimulem a criatividade.

Entretanto, de nada adiantam investimentos nessas atividades se a rotina empresarial não possibilita que os profissionais apliquem constantemente seu poder criativo.

Dualibi e Simonsen (1990) entendem que as técnicas de estímulo podem também propor novos problemas para a organização, partindo da premissa de que é mais criativo formular perguntas que encontrar respostas: "Estimular a criatividade dentro da empresa significa encontrar soluções para problemas e inventar novos problemas, sempre visando a otimização dos lucros".

Quanto mais uma empresa promover o fluxo de novas idéias, mais estará apta a resolver seus problemas de formas diferentes. Com isso, as técnicas de estímulo baseiam-se em construir ambientes e ferramentas facilitadores de criação e manifestação de novas idéias.

6.6.1 *Brainstorming*

Na tradução literal, o significado propõe uma "tempestade no cérebro", da qual poderão surgir, de forma aleatória, várias idéias, pensamentos, opiniões ou análises acerca de um objeto que pode ser um produto, uma empresa, um problema específico, entre outros.

O *brainstorming* pode ser um processo solitário ou em conjunto, durante uma reunião. Sua característica principal é a liberdade de expressão sem maiores parâmetros críticos ou de pré-julgamento. Assim, quando alguém está manifestando suas posições, em absoluto qualquer outro poderá interrompê-lo ou censurá-lo. Na primeira etapa, a quantidade de idéias é muito mais importante que a qualidade do conteúdo. A sessão deve ser democrática, em que todos possam participar com suas contribuições. As etapas seguintes servirão de filtro das propostas, nas quais serão selecionadas aquelas que melhor poderão resolver o problema em questão.

6.6.2 Grupos de Trabalho

Essa modalidade de reunião se assemelha a uma reunião de *brainstorming*, com uma particularidade: alguns componentes do grupo são funcionários de outros departamentos que não estão diretamente ligados com o problema em estudo. Essa proposta visa, justamente, receber contribuições "livres" de pessoas que não estejam envolvidas sob a pressão do objeto em análise. Essa prática encontra adeptos na administração japonesa em atividades como o "círculo *kaizen*". Muitas vezes, um funcionário que está diretamente envolvido com o problema pode não enxergar uma solução muito simples, em função do estresse ao qual está submetido. Por outro lado, existe a tendência de os funcionários "apoiadores" tentarem compensar a falta de conhecimento técnico com boa dose de inovação e criatividade em suas propostas.

6.6.3 Núcleos Criativos

É natural que, em meio a um grupo de funcionários, haja algumas pessoas com um talento especial em desenvolver idéias e propostas inovadoras. Porém, estas estão divididas nos vários departamentos da organização. É muito interessante criar condições para que esses funcionários possam se encontrar, de forma regular e natural, para o exercício de seu lado criativo. Essas reuniões, que denominamos núcleos criativos, não têm problemas específicos para tratar. Seu objeto principal é criar melhorias em processos que já são eficientes.

Esse tipo de atividade vem reafirmar que a criatividade não deve aparecer apenas em momentos de crise, mas ser um processo constante que poderá garantir uma importante vantagem competitiva para a organização.

6.7 O PROCESSO DE DESENVOLVIMENTO DA CRIATIVIDADE

Da perspectiva de que a criatividade é um tipo de raciocínio estruturado a partir de uma seqüência lógica, abandonamos a idéia de que a criatividade surgiria de alguma fonte altamente subjetiva ou mágica.

A "instantaneidade" que alguns processos criativos apresentam nada mais seria que processos estruturados que ocorrem de forma muito rápida em função de um mecanismo bem-desenvolvido e ágil.

Contudo, toda engrenagem criativa precisa de um tempo para se estruturar, desenvolver e amadurecer. Esse crescimento vai proporcionando maior eficácia nos resultados e rapidez em sua execução.

Mentes mais treinadas são mentes criativas mais desenvolvidas e rápidas.

Como o foco de nosso estudo é o ambiente empresarial, o autor propõe o raciocínio da estruturação da criatividade com base no processo de tomada de decisão, em que a essência da atividade é resolver os problemas organizacionais da forma mais competente e criativa possível.

6.7.1 Tomada de Decisão nas Organizações

Para facilitar o trabalho do gestor na árdua tarefa de decidir, as teorias organizacionais têm contribuído com vários estudos que apontam modelos para o entendimento dos processos decisórios. Contudo, entre todos esses modelos, destacaremos o modelo decisório racional da economia clássica.

Em um mercado em que a concorrência se torna cada vez mais acirrada, é fundamental que uma empresa tenha bem definido seu mercado-alvo e saiba construir seu conjunto de vantagens competitivas. Por *mercado-alvo* queremos dizer o "segmento específico do mercado que uma organização escolhe atender" (Churchill e Peter, 2003, p. 205). Em mercados-alvo tidos como potencialmente interessantes, os concorrentes sempre aparecerão em maior número e com capacidades competitivas crescentes, ao mesmo tempo em que os consumidores, detentores de uma força de barganha cada vez mais expressiva, estarão sempre exigindo mais inovações e maior qualidade nos produtos.

O nível da concorrência tende a aumentar no decorrer dos anos por vários motivos, entre os quais se destacam o incremento do comércio internacional e a redução da taxa de crescimento em muitos países em desenvolvimento, sugerindo um aumento da concorrência dentro do bolo que constitui o mercado existente. Nesse contexto, as organizações bem-sucedidas serão aquelas que menos errarem, ou seja, as que tomarem as decisões mais acertadas e criativas.

Desde os anos 1960, alerta-se para a crescente complexidade das organizações ditas "modernas", que precisam tanto se integrar como se diferenciar, exigindo que decisões-chave se tornem necessárias, e cada vez mais eficientes, no controle das operações e nos processos produtivos (Miller, Hickson e Wilson, 2003). Lawrence e Lorsch adicionaram elementos de razoável complexidade ao processo de tomada de decisão organizacional ao destacarem o fato de que as empresas, ao lidar com seus ambientes externos, vão se segmentando em unidades, cada qual desempenhando uma tarefa especializada para um contexto ambiental também especializado. Ao mesmo tempo – e contrapondo-se a essa influência externa –, há um esforço da organização para alcançar certa unidade e coordenação entre os vários departamentos (ou subsistemas), com a finalidade de atingir os objetivos organizacionais estabelecidos. Segundo esses autores, "(...) à medida que os sistemas crescem de tamanho, diferenciam-se em partes, e o funcionamento dessas partes separadas tem de ser integrado, para que o sistema inteiro seja viável", o que leva a desdobramentos de grande impacto no nível de complexidade e dificuldade representado pelas decisões mais cruciais, que devem ser tomadas por gestores de grandes empresas operando em mercados altamente concorridos (Lawrence e Lorsch, 1973, p. 24).

Hatch (1997) concorda que organizações instaladas em ambientes simples e estáveis precisam de pequena quantidade de decisões e que, normalmente, são pouco complicadas. Por outro lado, as organizações que operam em ambientes de elevado padrão concorrencial enfrentam desafios constantes e complexos e, portanto, necessitam de processos decisórios mais eficientes.

6.7.2 Modelo Decisório Racional

Criado a partir dos conceitos da racionalidade absoluta da economia clássica, esse modelo sugere que a tomada de decisão organizacional se apresenta em quatro estágios distintos: (1) identificação de problemas, (2) elaboração, (3) comparação das alternativas e (4) implementação (conforme a Figura 6.1), os quais são especificados a seguir:

1. Identificação e definição de problemas – é o momento em que o gestor sente a necessidade de resolver uma questão organizacional a partir da análise de seu ambiente.

2. Elaboração de soluções – a economia clássica considera que o gestor conseguirá levantar todas as possibilidades possíveis para a resolução da questão em análise.
3. Comparação das alternativas e decisão – o gestor deverá ter a capacidade de analisar todas as alternativas com a profundidade necessária para obter a decisão ideal.
4. Implementação da decisão – trata-se da execução do caminho escolhido e do processo de avaliação de seus efeitos. É o ponto em que o gestor mede a própria satisfação ou frustração com a decisão tomada.

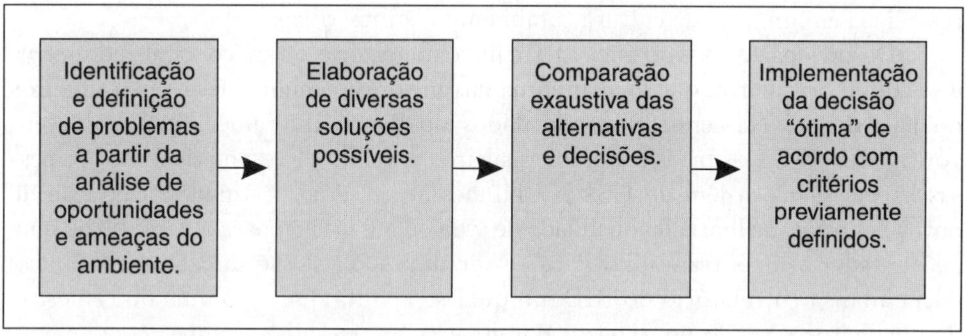

Fonte: Motta e Vasconcelos (2002, p. 105).

Figura 6.1 Os estágios do modelo decisório da economia clássica.

Apesar de Motta e Vasconcelos (2002) criticarem esse modelo decisório racional por ignorar a ambigüidade e a incerteza típicas dos processos decisórios nas organizações, assim como os aspectos ligados à existência de conflitos e jogos de poder no processo de tomada de decisão, Miller, Hickson e Wilson (2003) ponderam que esse tipo de lógica, embora não signifique nada de novo, tem dominado crescentemente muitas áreas do governo e do mundo dos negócios nos Estados Unidos e na Europa Ocidental nos últimos 20 anos. O pressuposto implícito é que, se os indivíduos se comportam de acordo com a racionalidade, então interferências de organizações burocráticas serão mínimas ou mesmo desnecessárias. Na organização ou firma, essa perspectiva agrega o comportamento de indivíduos ou grupos. Uma vez que os administradores individualmente tomem decisões racionais, as decisões tomadas pelos grupos nas organizações serão igualmente racionais.

Como exemplo de uma organização brasileira que atingiu o sucesso por meio de postura empreendedora e de soluções criativas, podemos citar a Rádio Fenix, cujo caso descrevemos a seguir.

ESTUDO DE CASO – RÁDIO FENIX, UMA EMISSORA PARA BRASILEIROS NO JAPÃO

Introdução

Os movimentos sociais e econômicos, frutos da dinâmica do processo de globalização, têm promovido a criação de novos produtos e serviços inconcebíveis até um passado recente. Esses fenômenos se tornam oportunidades comerciais às visões pioneiras dos empreendedores, bem como negócios altamente sustentáveis, por atender de forma eficaz às novas demandas e necessidades de uma sociedade.

Este quadro ilustrativo se centra no fenômeno decassegui[2], movimento que levou milhares de famílias brasileiras ao outro lado do mundo para trabalhar e fixar residência em um país de cultura totalmente distinta: o Japão.

Decorridos 20 anos do início desse fluxo migratório, foram contabilizados cerca de 270 mil brasileiros, que formam uma das maiores comunidades de estrangeiros no País do Sol Nascente. Segundo dados do Banco Interamericano de Desenvolvimento (BID), os trabalhadores brasileiros deverão ser responsáveis por remessas bancárias na ordem de US$ 2,2 bilhões[3], que serão destinados à criação de novos negócios, melhoria da qualidade de vida ou até mesmo para a garantia de uma aposentadoria mais tranqüila. Para se ter uma idéia desse impacto econômico, basta analisar o relatório do BID, no qual se aponta que o volume de remessas de brasileiros vivendo no exterior em 2004 (US$ 5,8 bilhões) superou as exportações de soja em grãos. Os "brasileiros do Japão" foram responsáveis por quase metade desse volume total.

Pela representatividade social e econômica, essa nova comunidade provocou o surgimento de uma gama de empresas que garantiria a infra-estrutura básica para sua sobrevivência e manutenção. Entre elas, lojas especializadas em produtos alimentícios para a culinária da terra natal, confecção de roupas adequadas à moda de origem, distribuição de vídeos, CDs e livros em português etc. No setor de prestação de serviços, houve a abertura de bancos, igrejas, restaurantes e até a criação de emissoras de TV e rádio com programação totalmente destinada ao gosto brasileiro!

Nesse contexto, surge a Rádio Fenix, uma emissora transmitida via Internet (www.radiofenix.net) com uma programação 24 horas ao vivo, constituída de música brasileira e internacional (nos moldes das FMs brasileiras) e com locução, é claro, em português.

Apesar do cenário altamente favorável, a Rádio Fenix enfrentou vários problemas mercadológicos e de gestão que colocaram em risco sua sobrevivência.

---

[2] Este termo se refere à pessoa que sai da terra natal para trabalhar, mas pretende retornar à sua origem.

[3] Dados publicados na revista *IstoÉ Dinheiro*, de 13 de abril de 2005.

Importantes decisões em seu planejamento estratégico mudaram o rumo de sua história, levando-a para a posição de rádio mais ouvida na Internet pelos brasileiros no mundo inteiro.

Origem da Rádio Fenix

A Rádio Fenix foi criada em julho de 2003, no Japão, por Carlos Zaha, que foi ao país como decassegui em 1989. Ele fez parte do grupo de empreendedores que, percebendo o crescimento da comunidade brasileira no Japão e suas necessidades, vislumbrou a oportunidade de sair de seu emprego fabril para abrir um negócio próprio. Zaha inaugurou, em 2001, a Fenix Veículos, uma loja de automóveis especializada em atender brasileiros. Por esse diferencial, sua área comercial abrangia quase todo o território japonês, extrapolando a característica local das milhares de lojas do setor.

Essa experiência comercial lhe proporcionou um profundo conhecimento sobre a comunidade brasileira do Japão e a identificação clara do DNA e da missão que fariam parte de seu empreendimento futuro. Logo, percebeu que os clientes lhe davam preferência não apenas pela qualidade dos carros ou dos preços e condições de pagamento, mas também pela amizade e atenção que dedicava a cada um deles. Sendo um veterano no Japão, sabia muito bem das dificuldades e dos problemas que todos enfrentavam e conhecia formas e canais para resolvê-los ou atenuá-los. Daí a visão de que esse público carecia de entretenimento, informações e orientações adequados, para suportar a pressão e a hostilidade de uma nova vida em terras distantes, veio de forma rápida e natural. Nascia a Rádio Fenix.

Após utilizar os recursos materiais e humanos disponíveis, Zaha montou a primeira estrutura da emissora na província de Tochigi, transmitindo pela Internet músicas que os brasileiros estavam acostumados a ouvir com comunicadores apresentando e informando em português. Apesar de a iniciativa pioneira ter sido recebida positivamente, os primeiros resultados não foram animadores, e a continuidade do projeto exigiria uma injeção maior de patrocinadores.

Por meio de uma análise situacional honesta e transparente, Zaha chegou ao diagnóstico de que, para entregar algo mais que música e informação ao público e dotar a emissora com capacidade de proporcionar um retorno comercial aos anunciantes, necessitava de um processo urgente de profissionalização para a sobrevivência do negócio.

Profissionalização e Planejamento

Missão

Apesar de não possuí-la formalizada textualmente, Carlos Zaha tinha clara a missão da Rádio Fenix: "Proporcionar ao público um ambiente de amizade sincera, oferecendo atenção adequada, música de qualidade, informações e orientações precisas".

Sabia que, para o público perceber e acreditar nessa proposta, era fundamental o engajamento dos membros da equipe, fornecedores e até patrocinadores em uma postura positiva, sadia e transparente. O elemento humano teria de ser a matéria-prima vital, e a rede de relacionamento, o mecanismo propulsor do processo.

Análise da situação

No primeiro estágio de operações, Zaha constatou que havia um campo de muitas oportunidades para a nova emissora: ausência de canais de entretenimento especializados aos brasileiros; falta de canais de divulgação acessíveis às empresas brasileiras no Japão; utilização da Internet pelo público para buscar informações em português e sobre o Brasil; concorrência praticamente inexistente nesse setor, no Japão.

Entre as ameaças presentes, estavam os fatos de que o público poderia optar por várias emissoras do Brasil mais conhecidas e disponíveis na Internet e a possibilidade da entrada de emissoras mais poderosas e conhecidas para uma concorrência direta no Japão.

Como pontos fortes, podiam-se considerar o conhecimento, por experiência própria, sobre as necessidades dos decasseguis; a estrutura enxuta que proporcionava agilidade nos processos de decisão e o fato de a emissora ter nascido dentro da Internet e não ser *streaming*[4] de algo existente, o que gerava personalidade.

Os pontos fracos da emissora nessa primeira fase eram a ausência de profissionais qualificados no Japão; a falta de experiência e a dificuldade de acesso às tecnologias específicas para a operação proposta.

Objetivo

A partir da missão estabelecida e da análise situacional descrita, definiu-se a necessidade da implantação de um processo de profissionalização e planejamento, com o intuito de garantir a sustentabilidade e conquistar vantagens competitivas.

Estratégia

Entre os caminhos possíveis para alcançar o objetivo, acreditou-se que a transferência da base principal de operações para São Paulo traria o retorno necessário em tempo rápido. Entretanto, era importante manter o estúdio do Japão para um vínculo mais próximo com o público e os anunciantes.

Ações táticas

Com a linha estratégica definida, as principais ações táticas eram: a) montar uma equipe de locutores profissionais e experientes com a nova qualificação de Internet; b) utilizar tecnologia de ponta para a estrutura técnica de transmissão e produção; c) tornar mais atrativa a navegação por meio da introdução de *webcam*, para que

---

[4] Termo utilizado para designar a simples veiculação pela Internet de uma emissora de radiodifusão aberta.

o público pudesse assistir, em tempo real, à movimentação do estúdio; d) aperfeiçoar a sala de bate-papo (*chat*) para estreitar a relação com o público.

Com esse raciocínio estratégico, foi formada uma equipe de locutores e produtores, com formação qualificada e experiência em emissoras líderes de audiência. O estúdio de São Paulo, equipado com tecnologia de última geração, foi inaugurado em dezembro de 2003.

Um dos locutores dessa nova equipe foi enviado ao Japão para que parte das transmissões partisse do próprio país e ele fosse também um elemento próximo ao público-alvo que captaria a receptividade e as informações para o desenvolvimento da programação.

Resultados

Alguns meses depois da implantação das operações em São Paulo, foi nítido o crescimento do número de conexões à página da Rádio Fenix. Os provedores de Internet possuem várias ferramentas de mensuração que permitem identificar as regiões geográficas dos computadores que estão se conectando a um site específico, a quantidade de páginas que cada usuário visitou, o tempo de duração que permaneceu navegando, entre outras informações.

Além dos dados do provedor, a emissora afiliou-se ao site www.radios.com.br, um portal que congrega emissoras do mundo inteiro, e passou a contar com seu índice de audiência, o único especializado em rádios via Internet.

Em janeiro de 2004, a Rádio Fenix era a quinta rádio web[5] mais acessada, com um índice de 6.184 visitantes únicos[6]. Em agosto de 2004, ocupava a posição de rádio web mais acessada pelos internautas, com 48.261 visitantes únicos, superando uma relação de 57 emissoras web. Essa liderança se manteve absoluta até o fechamento deste estudo, em abril de 2005.

Em março de 2005, a Rádio Fenix atingiu a liderança geral em acessos pela Internet, incluindo as emissoras de sinal aberto em radiodifusão, em uma lista constituída por 748 emissoras, com o índice de 76.548 visitantes únicos. Essa liderança também se manteve até o fechamento deste estudo, atingindo os 93.544 visitantes únicos.

Essas estatísticas se refletiram em resultados comerciais aos anunciantes, proporcionando parcerias sólidas e abrindo várias oportunidades para o aumento de patrocinadores. A evolução do porte dos anunciantes é outro indicativo importante. Se, no início das operações, a emissora contava com o apoio de pequenos

[5] Termo utilizado para designar a emissora veiculada via Internet.

[6] Visitantes únicos são a contabilização de computadores diferentes que se conectaram ao site no período de um mês.

comerciantes, atualmente o departamento comercial recebe propostas de grandes instituições financeiras, universidades e acordos de retransmissão de sinal para outros países.

No aspecto de recursos humanos, a emissora conta com uma equipe de profissionais altamente comprometida com a missão do negócio. Além das reuniões normais de aprimoramento das operações, comunicadores e produtores analisam e discutem, periodicamente, o comportamento desse novo público de rádio via Internet, por entender que estão desenvolvendo um novo espectro das comunicações. Entende-se que, além da tecnologia, o recurso humano especializado torna-se fator fundamental à vantagem competitiva e à manutenção da liderança em audiência.

Na ampliação do público, um fenômeno não previsto exigiu a adequação de toda a estrutura. O público-alvo, motivo da criação da emissora, sempre foi a comunidade de brasileiros que vivem no Japão. Contudo, dados do provedor indicaram que, atualmente, o contingente de computadores conectados à Rádio Fenix tem a seguinte distribuição por países: Japão (65%), Brasil (22%), Estados Unidos (10%) e outros países (3%). E a participação do público fora do Japão apresenta tendência de crescimento.

CONCLUSÕES

Desenvolver a criatividade e empreender nada mais é que a capacidade de o ser humano sonhar e fazer esse sonho se tornar uma realidade. Não seria exagero dizer que se trata da essência da vida. Alguém que não sonha e não realiza não vive.

Assim, devemos passar a nossa existência em um contínuo exercício de aprimoramento dessas habilidades.

Em paralelo, a criatividade e o empreendedorismo nos negócios estão ligados à própria sobrevivência das organizações em meio a ambientes cada vez mais competitivos.

Estamos vivendo uma época de grandes incertezas que exigem grandes mudanças. As organizações precisam desempenhar seu papel histórico de liderar essas transformações dialogando com seu público, desenvolvendo novas tecnologias e processos para proporcionar segurança, paz e harmonia à sociedade.

RESUMO

O ambiente de grande concorrência e o alto nível dos oponentes têm exigido das empresas posturas empreendedoras e soluções criativas como fatores de sustentabilidade em seus mercados. O público consumidor, percebendo sua força de barganha ante o excesso de oferta, exige maiores diferenciais por custos cada vez menores.

Nesse contexto de desequilíbrio, as empresas encontram dificuldades na implantação de soluções criativas, em função da burocracia e da cultura organizacional. Assim, há a necessidade vital de derrubar esses bloqueios e consolidar a prática criativa nos vários setores operacionais e estratégicos. Soluções criativas poderão superar recursos financeiros, humanos ou tecnológicos.

QUESTÕES PARA DISCUSSÃO

1. Como você classifica o nível de abertura que a sua empresa proporciona para a discussão de novas idéias?
2. Qual seria a reação da maioria da equipe gerencial de sua empresa ante a proposta de realizar sessões semanais de *brainstorming* para levantamento de sugestões de melhoria na organização?
3. Sendo a burocracia e a cultura organizacional fatores de bloqueio ao desenvolvimento da criatividade, empresas novas ou de estrutura mais enxuta podem levar vantagem sobre as mais tradicionais ou de grande porte?
4. Até que ponto idade e experiência profissional podem contribuir positiva ou negativamente em um processo de geração de soluções criativas?
5. No caso da Rádio Fenix, as soluções criativas estiveram mais presentes na nova estruturação da organização ou nos serviços prestados ao público ouvinte?

REFERÊNCIAS BIBLIOGRÁFICAS

ALENCAR, E. S. *Gerência da criatividade.* São Paulo: Makron, 1997.

CHURCHILL Jr., G. A.; PETER, J. P. *Marketing*: criando valor para o cliente. São Paulo: Saraiva, 2003.

D'AVENI, R. A. *Hipercompetição*: estratégias para dominar a dinâmica do mercado. Rio de Janeiro: Campus, 1995.

DRUCKER, P. F. *Administrando em tempos de grandes mudanças.* 5. ed. São Paulo: Publifolha, 1999.

DUALIBI, R.; SIMONSEN Jr., H. *Criatividade & marketing.* São Paulo: McGraw-Hill, 1990.

HATCH, M. J. *Organization theory*: modern, symbolic, and postmodern perspectives. Oxford: Oxford University Press, 1997.

HITT, M. *Administração estratégica*: competitividade e globalização. São Paulo: Pioneira Thomson Learning, 2002.

KOTLER, P. *Administração de marketing*: a edição do novo milênio. São Paulo: Prentice Hall, 2000.

KUAZAQUI, E. *Marketing internacional*: como conquistar negócios em mercados internacionais. São Paulo: Makron Books, 1999.

LAWRENCE, P. R.; LORSCH, J. W. *As empresas e o ambiente* – Diferenciação e integração administrativas. Petrópolis: Vozes, 1973.

MATTAR, F. N.; SANTOS, D. G. *Gerência de produtos* – Como tornar seu produto um sucesso. São Paulo: Atlas, 1999.

MILLER, S. J.; HICKSON, D. J.; WILSON, D. C. Decision making in organizations. In: STEWART, R. C.; HARDY, C.; NORD, W. R. *Handbook of Organization Studies*. Londres: Sage, 2003. v. 2.

MOTTA, F. C. P.; VASCONCELOS, I. F. F. G. *Teoria geral da administração*. São Paulo: Pioneira Thomson Learning, 2002.

PEDREBON, J. *Criatividade*: *abrindo o lado inovador da mente*: um caminho para o exercício prático dessa potencialidade, esquecida ou reprimida quando deixamos de ser crianças. 6. ed. São Paulo: Atlas, 2005.

PORTER, M. E. *Vantagem competitiva*: criando e sustentando um desempenho superior. 19. ed. Rio de Janeiro: Campus, 1989.

TACHIZAWA, T.; REZENDE, W. *Estratégia empresarial*: tendências e desafios. São Paulo: Makron Books, 2000.

YAMAGUTI, C. L. Lock-in de sistema no Modelo Delta: o limiar entre a hipercompetição e o monopólio de mercado. *Estudos em Liderança*. São Paulo, v. 6, n. 1, p. 54-60, 2004.

7

Reflexões sobre a Liderança: O Sentido da Vida

Edmir Kuazaqui

Another brick in the wall.
Pink Floyd

OBJETIVOS DO CAPÍTULO

- Contextualizar os conceitos de inovação com a realidade brasileira.
- Discutir a relação da inovação com a resiliência corporativa.
- Refletir, discutir e concluir sobre a liderança como foco da existência corporativa.
- Apresentar o Plano de Desenvolvimento Pessoal (PDI) e o portfólio.

INTRODUÇÃO

Steven Allan Spielberg nasceu em 18 de dezembro de 1946 em Cincinnatti, estado de Ohio (EUA). Um dos proprietários da DreamWorks, importante estúdio de cinema de Hollywood, Spielberg é considerado um dos mais renomados e influentes cineastas do século XX, tendo em sua filmografia filmes como *Encurralado* (*Duel*, 1971), *Tubarão* (*Jaws*, 1975), *Os caçadores da arca perdida* (*Raiders of the lost ark*, 1981), *ET, O extraterreste* (*ET – The extra-terrestrial*, 1982), *A cor púrpura* (*The colour purple*, 1985), *Parque dos dinossauros* (*Jurassic Park*, 1993), *A lista de Schindler* (*The Schindler's list*, 1993), que lhe deu o seu primeiro Oscar de melhor diretor, e *O resgate do soldado Ryan* (*Saving private Ryan*, 1998), que lhe deu o segundo Oscar na mesma categoria.

Típico *baby boomer*, contemporâneo de Stanley Kubrick e Francis Ford Coppola, possui as qualidades e os defeitos de sua geração, na qual os valores sólidos familiares são uma das principais bases da sociedade.

Atualmente, embora seja criticado por seus últimos filmes, como *Guerra dos mundos* (*War of the worlds*, 2005), por exemplo, o cineasta tem se mantido na liderança e no destaque nas bilheterias mundiais.

7.1 O *UPGRADE* NECESSÁRIO

O conceito de *upgrade* tem sido utilizado na área de informática como um aumento da capacidade de expansão de memória do computador. O mesmo termo tem sido utilizado de forma similar em diferentes áreas, como a de recursos humanos, para o indivíduo "turbinar" suas habilidades e capacidades. No caso da máquina, a memória se expande, porém o conectivo físico permanece; no entanto, isso não ocorre com o ser humano. Embora o corpo seja o mesmo, a mente e as potencialidades são desenvolvidas a tal ponto que os resultados são bastante significativos. Dessa forma, o indivíduo deverá procurar sempre a inovação, em conjunto com a mente empreendedora e criativa, no sentido da evolução, ou seja, de tempos em tempos, um salto quântico que possibilite o crescimento em todos os sentidos. Pensando dessa forma, a inovação se torna uma importante característica dos indivíduos e daqueles que querem se diferenciar e obter a vantagem competitiva necessária.

7.2 O QUE É INOVAÇÃO?

Para os especialistas em marketing, a criação e o desenvolvimento de novos produtos devem atender ao planejamento envolvendo a profundidade e amplitude das linhas provenientes do portfólio de negócios e produtos da empresa. Uma das raras exceções se refere à 3M, multinacional de origem norte-americana com um extenso portfólio de produtos, ou seja, com grande profundidade. Dessa forma, a 3M pratica a inovação contínua no sentido de manter a liderança de novas idéias e, conseqüentemente, novos produtos e serviços.

A inovação pode fazer parte da estratégia das pessoas e empresas, em que seu resultado pode estar no desempenho econômico-familiar e na criação de valor social. Um dos maiores desafios do mundo contemporâneo é a incorporação da inovação como base para o desenvolvimento pessoal, social e corporativo. Pode ser uma iniciativa simples ou revolucionária que redunda em uma série de conseqüências positivas que elevam a pessoa e a organização.

Inovar significa, então, a busca contínua pelo novo, pela experimentação, pela quebra de paradigmas pessoais e profissionais e a criação de algo novo.

7.3 CLASSIFICAÇÃO DA INOVAÇÃO

Geralmente, a inovação é tratada e analisada do ponto de vista apenas empresarial. Entretanto, o assunto deve ser tratado pela ótica do indivíduo, tendo como mote propulsor necessidades e características extrínsecas e intrínsecas particulares.

Então, do ponto de vista empresarial, podem-se classificar as diferentes aplicações da inovação:

- *em negócios, produtos e serviços*: criação, desenvolvimento e comercialização de novos conceitos que se traduzem em produtos ou serviços, devidamente situacionados em diferenciais e vantagens competitivas;
- *em gestão e processos*: criação, desenvolvimento e manutenção de novas técnicas e ferramentas que possibilitem novos meios de fabricação de produtos ou novas formas de relacionamento para a prestação de serviços.

Tome-se como exemplo a nossa atual realidade: diversos negócios, produtos, serviços e comportamentos surgiram a partir da necessidade de alguém de melhorar algo, como um processo ou mesmo seu retorno financeiro:

- segundo Dr. Antonio Saporito[1], um pouco da história da contabilidade se confunde com a vida de frei Luca Paccioli, que não criou a contabilidade, como muitos acreditam, mas sistematizou-a com sua obra em 1494, envolvendo a matemática e as partidas dobradas utilizadas em contabilidade em um dos capítulos;
- em decorrência dos inúmeros compromissos profissionais do dia-a-dia, as pessoas tiveram de comprometer seus hábitos alimentares com *fast-food* e congelados, por exemplo. Dessa forma, novos formatos, como, a comida por quilo, foram inseridos nos hábitos gerais da população brasileira. Para que isso tivesse êxito, houve a necessidade da incorporação de outras áreas, como as das balanças, alimentos e bebidas, equipamentos e outros (alguém se lembra de qual foi o primeiro restaurante a incorporar a comida por quilo?);
- da década de 1960 em diante, eram comuns as pequenas vendas que comercializavam doces caseiros e similares. Atualmente, a industrialização proporciona às pessoas produtos similares em embalagens individuais e até mesmo com dispositivos especiais, como, por exemplo, a embalagem térmica de macarrão instantâneo que eleva a temperatura na própria embalagem ou a de cerveja que, em contato físico, diminui a temperatura do produto.

Em todos os exemplos, têm-se como foco os aspectos de ordem corporativa. A inovação e outras características, como o espírito empreendedor, por exemplo, podem e devem ser incorporadas à prática pessoal, e feliz será aquela empresa que conseguir conjugar suas necessidades empresariais com as dos indivíduos, talentos e colaboradores

[1] Doutor em contabilidade pela FEA/USP.

que constituem seu negócio. Dessa forma, pode-se acrescentar mais um item na classificação de inovações:

- *Inovação no pensar e agir*: desenvolvimento de novas percepções quanto ao mundo em que se vive, percebendo, de maneira diferente, a própria percepção do mundo que é vivido. Dessa forma, diferentes paradigmas podem ser quebrados ou mesmo melhorados e, conseqüentemente, mudanças e transformações são realizadas.

7.4 A INOVAÇÃO *VERSUS* RESILIÊNCIA

Descartando a teoria do darwinismo, a história sempre demonstrou que grandes transformações e mudanças ocorreram a partir de necessidades situacionais, em que o ambiente impôs barreiras e desafios. Dessa forma, algumas pessoas conseguiram ter a capacidade da adaptação ante esses novos cenários e, em muitos casos, sempre em frente, mantendo o foco. Desse modo, a capacidade de resiliência do indivíduo se refere à plena adaptabilidade ao ambiente em que está inserido.

Moluscos como o polvo são considerados altamente inteligentes e adaptáveis ao ambiente em que estão inseridos. Alguns tipos se confundem com os corais, para se proteger; outros podem se acomodar em qualquer espaço, como provam experimentos com polvos que conseguiram entrar em pequenas garrafas atrás de pequenos peixes que os cientistas capturaram e enclausuraram.

A resiliência deve ser utilizada antes ou durante as necessidades de mudanças. Foram realizados experimentos com dois grupos de sapos: o primeiro grupo foi colocado em uma panela contendo água fria, cuja temperatura foi aumentada gradativamente. Os sapos morreram cozidos no decorrer do experimento. O outro grupo foi inserido em uma panela contendo água um pouco mais quente e reagiu instintivamente à temperatura. Pessoas geralmente reagem posteriormente aos fatos em decorrência de inércia ou falta de percepção de futuro.

7.5 ANÁLISE DE SENSIBILIDADE DAS DIMENSÕES ESTRATÉGICAS PARA INOVAÇÃO

Novas oportunidades podem surgir a partir da mudança de percepção, em que diferentes oportunidades podem ser conquistadas. Tome-se como base inicial o tradicional exemplo do copo de água: para alguns, pode estar meio vazio; para outros, meio cheio. Portanto, diferentes percepções podem conduzir as pessoas a diferentes decisões.

Para demonstrar esse fato, o autor deste capítulo tem por prática segurar e mostrar uma maçã aos participantes de alguns treinamentos. Pergunta-se: "O que eles estão vendo?", "Uma maçã", respondem. Na verdade, embora realmente seja uma maçã, eles não a estão vendo inteiramente, e sim parte dela. A parte de trás, de cima, de baixo, e mesmo seu interior, não são visualizados plenamente e podem fazer a diferença!

Yoshie Kameoka Kuazaqui, mãe do autor deste capítulo, citou um exemplo ocorrido na década de 1950, quando um habitante da cidade de Registro, estado de São Paulo, fugiu de sua residência e se embrenhou no mato, após saber que tinha pouco tempo de vida em decorrência de uma grave doença. Anos depois, voltou totalmente curado, afirmando que havia sobrevivido na mata alimentando-se de um único tipo de vegetal. A população, na época, atestou a recuperação devido ao consumo do vegetal, porém grande parte da cura se deveu ao fato de ele ter deixado de ingerir outros alimentos e eliminado a vida sedentária. E, principalmente também, por ter acreditado na cura.

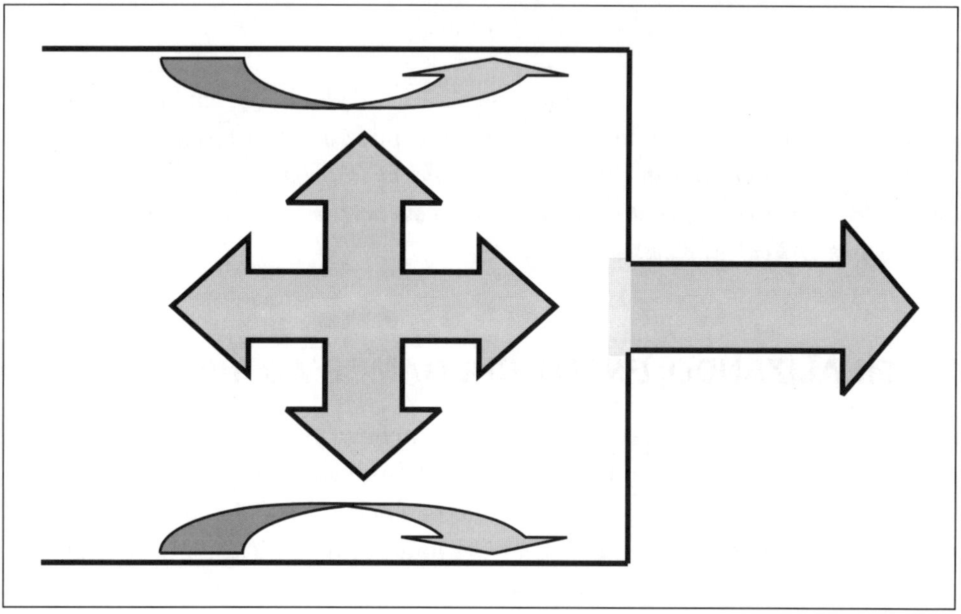

Fonte: Autor.

Figura 7.1 O ver e perceber.

A visão de conjunto e a triangulação fazem que as ações possam ser integradas e coordenadas para a obtenção dos melhores resultados.

7.6 DIFERENÇAS ENTRE MELHORIA CONTÍNUA, CRIATIVIDADE E INOVAÇÃO

Há diferenças fundamentais entre o que se considera melhoria contínua e o processo da inovação. De um lado, a *melhoria contínua* busca a melhor qualidade e pode ser representada pelos parâmetros conhecidos da qualidade e respectivos indicadores. De outro lado, a *inovação* procura a quebra de paradigmas e estabelece outro nível referencial. Finalmente, a *criatividade* representa a capacidade de fazer diferente e melhor. De certa maneira, todos os itens citados podem ser evidenciados como características cognitivas do indivíduo, e o grande desafio é a incorporação para grupos de indivíduos, potencializando suas qualidades, habilidades e competências. Dessa forma, seus reflexos influenciam pessoas, empresas, a economia e o emprego, por exemplo. A seguir, recordamos um pensamento:

> *Every morning in Africa, a gazelle wakes up. It must run faster than the fastest lion or it will be killed. Every morning a lion wakes up. It knows it must out run the slowest gazelle or it will starve to death. It doesn´t matter wheather you are a lion or a gazelle. When the sun comes up, you´d better be running.* (Anônimo)

A partir do exemplo citado, nota-se a necessidade de continuidade e da formulação de estratégias, em que é a leoa quem conduz a caça, deixando para o leão o golpe final. *Continuar, então, é uma necessidade intrínseca dos indivíduos na busca de sobrevivência. Entretanto, continuar com qualidade é um desafio contínuo para o crescimento e o aperfeiçoamento pessoal.*

7.7 FINALIZANDO, ENTÃO, CHEGAMOS AO INÍCIO...

A insatisfação e a capacidade e necessidade de um novo olhar podem trazer ao indivíduo e às empresas uma grande contribuição. Deve-se lembrar que muitas empresas erram em suas previsões de vendas em decorrência da simples transferência de suas ações para o futuro. Dessa forma, não são inovativos, criativos nem empreendedores. Ao contrário, em muitos casos, vivem em decorrência de mercados em expansão e ações nem sempre confiáveis e corretas.

Com tudo o que foi exposto, é possível discutir e criar uma metodologia para compatibilizar o que foi teorizado e explicado pelo PDI.

Não existe propriamente um modelo nem é recomendável tê-lo, mas é necessário que sua idéia e suas filosofias sejam incorporadas e internalizadas ao indivíduo. O PDI, então, é um importante documento que pode, em um primeiro momento,

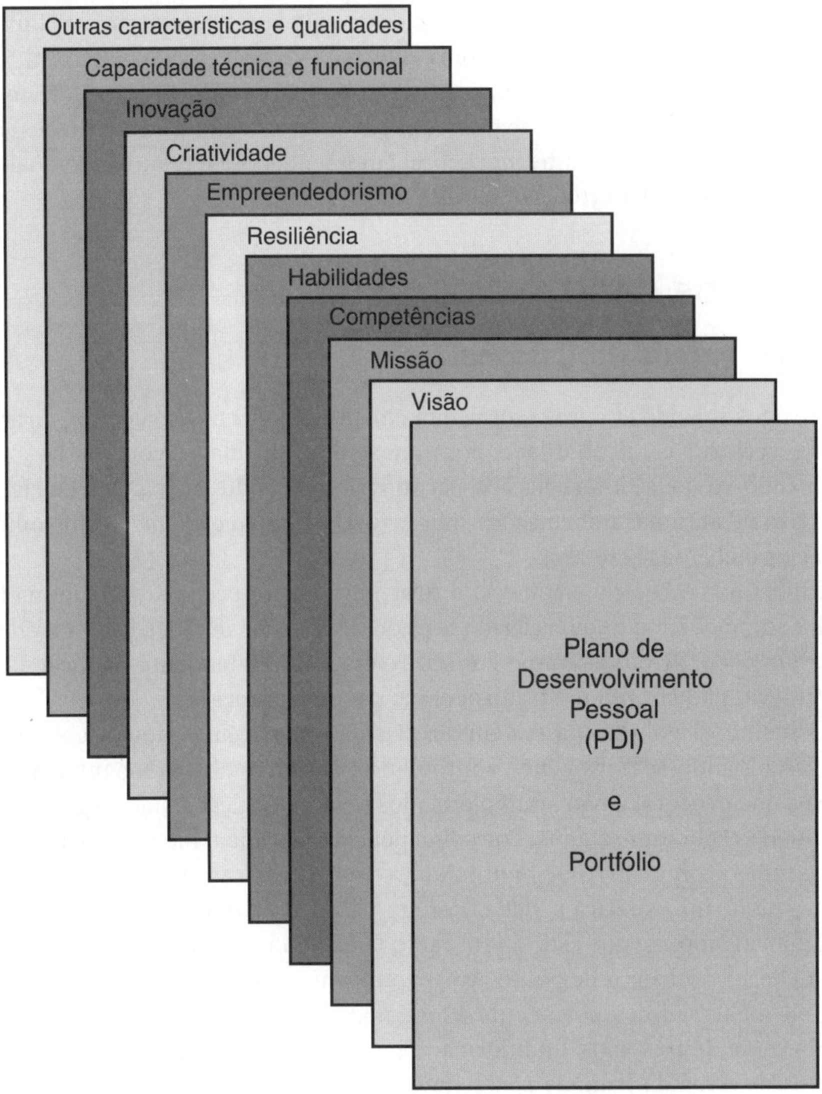

Fonte: Autor.

Figura 7.2 Plano de Desenvolvimento Pessoal (PDI) e portfólio.

diagnosticar como está o indivíduo e, posteriormente, analisar e traduzir em ações o que é necessário fazer para que ele atinja os resultados futuros a partir das percepções do presente.

CONCLUSÕES

Estudando a humanidade e todas as espécies que já viveram, pode-se concluir que a evolução é uma necessidade para a sobrevivência. No processo evolutivo, alguns se adaptaram mais às constantes mudanças e transformações globais e evoluíram como espécie dominante. Outros desapareceram por diferentes motivos e razões. Dessa forma, as capacidades resiliente, inovadora, empreendedora e criativa são qualidades para a continuidade e a evolução geral.

ESTUDOS DE CASO

Professor *versus* Profissional

Há cinco anos, quando era professor de uma instituição de ensino superior, dirigia-me para a secretaria e fui abordado por um senhor de idade, com barba branca. Desculpando-se pela interpelação, perguntou-me onde era a secretaria, pois necessitava de algumas informações sobre cursos. Pedi que ele me acompanhasse e levei-o ao guichê da secretaria.

Entrei na secretaria e comecei a tirar algumas fotocópias. A máquina ficava próxima ao guichê em que o referido senhor tirava suas dúvidas com a atendente. Percebi um certo ar de desânimo em seu rosto, após a atendente explicar-lhe que na instituição não eram ministrados cursos daquela natureza.

O senhor deu alguns passos em direção à saída, porém voltou-se e se dirigiu a mim. Desculpando-se novamente, contou que a atendente havia lhe informado que os cursos que procurava não eram oferecidos pela instituição e me perguntou se eu saberia onde eram ministrados. Por coincidência, eu sabia e lhe informei que havia duas instituições no bairro de Santo Amaro que ministravam tais cursos. Ele me agradeceu e dirigiu-se para a saída. Porém, parou e voltou a me interpelar novamente, informando-me que estava sem carro naquele momento e perguntando como poderia chegar ao bairro de Santo Amaro. Informei-lhe o itinerário dos ônibus da região, ele me agradeceu novamente e foi embora.

Há cerca de três anos, fui informado por um amigo que uma grande empresa localizada na Avenida Paulista necessitava de um gerente de marketing a ser contratado por gestão. Agendei, por telefone, uma entrevista e, de posse de vários documentos, fui para lá. Entrando na empresa, cruzei com aquele mesmo senhor de cinco anos atrás, que me reconheceu como "aquele jovem educado que lhe havia fornecido várias informações". Perguntou-me o que estava fazendo ali, e eu lhe respondi que tinha me candidatado à vaga de gerente de marketing por gestão. Rapidamente, ele se dirigiu ao telefone mais próximo e falou com sua secretária: "Dona Vera, lembra-se daquela vaga de gerente de marketing por gestão? Cancele todas as outras entrevistas, pois acabei de encontrar o meu gerente de marketing".

O referido senhor era o proprietário da empresa, onde, durante dez meses, atuei como gerente de marketing, trazendo-lhe um retorno comercial maior que o exigido no início do trabalho.

1. Identifique os diferentes públicos de interesse relacionados ao caso.
2. Quem é o cliente? Quem é o fornecedor?
3. Explique, de maneira sucinta, o que ocorreu no referido caso – e se você concorda com a conclusão da história.
4. Discorra sobre a questão da ética relacionada principalmente ao professor.

A Funcionária

Em um grande departamento de uma empresa multinacional, entre 50 funcionários, havia uma que desempenhava suas funções a contento. Extremamente pontual nos horários de entrada e saída, era perfeccionista no preenchimento dos relatórios e contratos, sem se importar em questionar seu serviço ou mesmo sugerir mudanças compatíveis. Aproveitava bem os 15 minutos de intervalo para o café, em uma jornada de seis horas diárias.

Assumindo o departamento, o gerente foi orientado pela diretoria sobre como deveria distribuir a verba de gratificação, que ficaria concentrada em sete ou oito funcionários. Negociando com a diretoria, e para estabelecer uma boa relação inicial entre seus subordinados, decidiu distribuir a verba com todos os funcionários; nesse sentido, utilizou como um dos elementos norteadores as avaliações individuais do período.

A empresa tinha por prática anexar ao demonstrativo de pagamento uma carta assinada pelo presidente parabenizando o funcionário e orientando-o a não divulgar as gratificações e os respectivos valores, sob o risco de perdê-las no período posterior. Dessa forma, todos os funcionários receberam um percentual de gratificação, variando de 5% a 200% do salário mensal.

Ao chegar a seu departamento, a funcionária recebeu seu envelope com o demonstrativo de pagamento e uma carta informando seu ótimo desempenho e a gratificação de 5%. Seus lábios se abriram em um enorme sorriso; a partir daquele momento, ela se tornou uma das melhores funcionárias do departamento, tendo direito a uma gratificação de 100% no ano seguinte.

REFERÊNCIAS BIBLIOGRÁFICAS

BARLOW, J.; MAUL, D. *Valor emocional* – Criando fortes vínculos emocionais com seus clientes. São Paulo: Makron, 2001.

DRUCKER, P. *Terceiro setor* – Exercícios de auto-avaliação para empresas. São Paulo: Futura, 2001.

GEUS, A. de. *A empresa viva.* São Paulo: Campus, 1998.

HAMEL, G.; PRAHALAD, C. K. *Competindo pelo futuro.* São Paulo: Campus, 1996.

HESSELBEIN, F.; GOLDSMITH, M.; BECKHARD, R. *O líder do futuro* – Visões, estratégias e práticas para uma nova era. São Paulo: Futura, 1996.

KANAANE, R. *Comportamento humano nas organizações*: o homem rumo ao século XXI. 2. ed. São Paulo: Atlas, 1999.

KANAANE, R.; ORTIGOSO, S. A. F. *Manual de treinamento e desenvolvimento do potencial humano.* São Paulo: Atlas, 2001.

KUAZAQUI, E. *Marketing e desenvolvimento de competências.* São Paulo: Nobel, 2004.

__________. *Marketing internacional.* São Paulo: Makron Books, 2006

__________. *Administração para não administradores.* São Paulo: Saraiva, 2006.

KUAZAQUI, E.; LISBOA, T. C.; GAMBOA, M. *Gestão estratégica para a liderança em serviços de empresas privadas e públicas.* São Paulo: Nobel, 2005.

KUHN, T. S. *A estrutura das revoluções científicas.* 5. ed. São Paulo: Perspectiva, 2000.

ROBBINS, S. P. *Administração*: mudanças e perspectivas. São Paulo: Saraiva, 2000.

Endereço eletrônico

http://www.10emtudo.com.br/artigos_1.asp?CodigoArtigo=45. Acesso em 18 nov. 2005.

Sobre os Autores

- **Edmir Kuazaqui (organizador)** é doutor e mestre em administração (nas áreas de concentração em marketing, recursos humanos e comércio exterior, respectivamente) pela Universidade Mackenzie, pós-graduado em marketing pela Escola Superior de Propaganda e Marketing (ESPM) e graduado em administração com habilitação em comércio exterior. Coordenador dos programas de pós-graduação em marketing internacional, administração geral, liderança e gestão de talentos, gastronomia, administração contábil-financeira e secretariado executivo da Universidade Paulista (Unip). Titular da ESPM e dos programas de MBA da Arco/ECA/USP. Docente e orientador do programa em liderança da Universidade de Santo Amaro (Unisa). Autor de livros nas áreas de marketing, planejamento estratégico e gestão. Consultor-presidente da Academia de Talentos (www.academiadetalentos.com.br).
- **João Pinheiro de Barros Neto** é pesquisador e professor da Universidade de Santo Amaro (Unisa), doutor em ciências sociais e mestre em administração (PUC/SP), especialista em administração da produção e operações industriais (FGV/SP) e bacharel em administração com habilitação em comércio exterior (Fasp). Tem diversos artigos e livros publicados, entre os quais se destacam *Teorias da administração* (Qualitymark), *Administração pública no Brasil* (Annablume) e, em co-autoria, *Regulação pública da economia no Brasil* (Edicamp). É coordenador e professor em cursos de graduação em administração. Desde 1986, vem trabalhando na administração pública, em que exerceu diversas funções de liderança, desenvolvimento e implementação de projetos. Leciona também no mestrado em liderança da Universidade de Santo Amaro (Unisa). João Pinheiro foi membro da banca examinadora do Prêmio Nacional da Qualidade (PNQ), nos ciclos 2002 e 2004, e do Prêmio Paulista de Qualidade da Gestão (PPQG), nos ciclos 2002 e 2003.
- **Teresinha Covas Lisboa** é doutora em administração pela Universidade Mackenzie, com mestrado e especialização em administração hospitalar. Sócia-diretora da TCL –

Consultoria e Assessoria. Coordenadora do grupo de excelência em administração de saúde do Conselho Regional de Administração (CRA) – São Paulo. Professora titular do programa de mestrado em gestão de negócios, da Facef/Franca.

- **Vera Lúcia Saikovitch** é graduada, mestre e doutora em administração de empresas, com concentração em marketing, pela Faculdade de Economia, Administração e Contabilidade da Universidade de São Paulo (USP), especialista em promoção comercial no exterior pelo Ipea/Cendec, em Brasília. Atuou na área de comércio exterior de 1975 a 1998, em que iniciou como treinanda em promoção comercial no setor comercial da Embaixada do Brasil em Montevidéu e concluiu como gerente de marketing e editora nas Edições Aduaneiras Ltda., além de consultora na mesma área. Começou a lecionar em 1988, em disciplinas na área de marketing e marketing internacional, tendo sido docente da Faculdade de Comunicação Social Cásper Líbero durante dez anos, entre outras instituições da cidade de São Paulo. Atualmente, é professora do curso de mestrado em liderança da Universidade de Santo Amaro (Unisa).

- **Margareth Bianchini de Assis Moura** é pesquisadora e professora universitária, mestre em ciências da comunicação pela Universidade de São Paulo (ECA), com pesquisa realizada na Europa e no Brasil sobre merchandising, e bacharel em marketing (Unip). Tem diversos artigos e capítulos de livros publicados, entre os quais se destaca *Liderança*: Uma questão de competência, prefaciado por Fernando Henrique Cardoso. Com mais de dez anos de experiência profissional, atuou em cargos de liderança, exercendo a função de gerência na Editora Abril, Editora Grupo 1, Construtora Arão Sahm. Atua na área de administração com destaques para marketing, comunicação integrada, gestão de pessoas, comunicação nacional e internacional e metodologia científica. Palestrante de temas como gestão do tempo, comunicação interpessoal e gestão de pessoas. Foi co-orientadora no mestrado em liderança da Universidade de Santo Amaro e orientadora em cursos de graduação em administração.

- **Celso Likio Yamaguti** é mestre em administração com pesquisas desenvolvidas na área de marketing e comportamento do consumidor. Bacharel em comunicação social, com habilitação em publicidade e propaganda. Ex-diretor acadêmico e coordenador. Docente dos programas de pós-graduação em marketing internacional, liderança e gestão de talentos e de administração geral da Universidade Paulista (Unip). Palestrante e consultor empresarial. Executivo da indústria automobilística, possui experiência de dez anos em planejamento estratégico, desenvolvimento e implantação de planos de marketing. Teve projetos de marketing internacional desenvolvidos no Japão, na Argentina, na Colômbia, na Venezuela, na Bolívia e no Paraguai.